AF360438

DE L'ÉTUDE

ET DE

L'ENSEIGNEMENT

DU

DROIT ROMAIN.

I

CORBEIL, IMPRIMERIE DE CRÉTÉ.

DE L'ÉTUDE

ET DE

L'ENSEIGNEMENT

DU

DROIT ROMAIN

ET DES

RÉSULTATS QU'ON PEUT EN ATTENDRE,

PAR

P. BRAVARD VEYRIÈRES,

PROFESSEUR A LA FACULTÉ DE DROIT DE PARIS.

> Peut-être est-il temps qu'après avoir été subju-
> gués par l'autorité des lois romaines, nous les sou-
> mettions elles-mêmes à l'autorité de notre raison :
> et qu'après en avoir été *esclaves*, nous en soyons
> juges.
>
> MIRABEAU.

PARIS,

JOUBERT, LIBRAIRE-ÉDITEUR,

RUE DES GRÉS, N° 14, PRÈS DE L'ÉCOLE DE DROIT.

—

1837.

« La vérité est toute à tous. Ce que vous connaissez
« utile, bon à savoir pour un chacun, *vous ne le*
« *pouvez taire en conscience ;* et, comme il n'y a
« point d'homme qui ne croie ses idées utiles, il n'y
« en a point qui ne soit tenu de les communiquer et
« répandre par tous les moyens à lui possibles. Parler
« est bien, écrire est mieux, imprimer est excellente
« chose, et la meilleure qui se puisse faire ; car si
« votre pensée est bonne, on en profite ; mauvaise,
« on la corrige, et l'on profite encore. »

Paul-Louis Courrier.

AVANT-PROPOS.

Je crois remplir un devoir envers le public, envers la jeunesse de nos écoles, à laquelle tant de liens et de sympathies me rattachent, et envers moi-même, en exposant avec indépendance ma pensée tout entière sur une haute question de méthode et d'enseignement, qui divise de bons esprits, et dont la solution intéresse le présent et l'avenir de la science.

Aujourd'hui, Dieu merci, on ne considère plus les lois et les institutions, même vivantes, comme une arche sainte à laquelle on ne saurait toucher sans profanation; on comprend qu'il faut les soumettre à l'examen et à la critique, afin de les épurer et de les améliorer. A plus forte raison donc, ce me semble, le moment est-il venu de porter un regard scrutateur et philosophique sur les monumens des siècles antérieurs, notamment sur les textes du droit romain, et de se demander quelle est leur valeur actuelle, quel parti on peut encore en tirer.

On voudrait vainement se le dissimuler, l'étude du droit (j'en accuse, non pas les hommes, mais les méthodes) n'a pas fait chez nous tous les progrès auxquels on aurait dû s'attendre; depuis bientôt dix années et davantage, elle tourne presque continuellement dans le même cercle.

L'étude du droit romain surtout, bien

loin d'être en progrès, semble aller en décadence; et plus on fait d'efforts pour y attirer de force les étudians, en les mettant dans l'obligation de répondre minutieusement, bon gré malgré, sur cette matière, à presque tous leurs examens, plus on leur en inspire le dégoût. Les boules noires elles-mêmes vont bientôt devenir impuissantes pour combattre la tiédeur et l'aversion, toujours croissantes, des esprits pour une étude qui, telle qu'elle leur est imposée, ne parvient plus ni à les captiver, ni à les satisfaire.

Il y a donc là un mal réel, profond, qui va chaque jour en s'aggravant; il m'a paru utile de le signaler, d'en chercher la cause, d'en indiquer le remède.

Je ne doute pas que mes idées ne révoltent les partisans de la routine et du *statu quo;* mais j'espère que ceux qui me liront sans prévention se rangeront de mon avis ; car, afin d'établir mes propositions d'une

manière incontestable, et pour convaincre, s'il se peut, les plus incrédules, j'ai
eu soin d'apporter des preuves, et en assez
grand nombre, à l'appui de chacune.

Mes paroles n'ont pour elles d'autre re-
commandation (c'est la seule d'ailleurs que
je revendique) que celle que peuvent leur
valoir l'importance du sujet et la gravité de
la question, l'espèce de neutralité où me
place, vis-à-vis du droit romain, la nature
spéciale de mon enseignement, enfin la
profonde conviction qui m'anime, fruit de
recherches patientes, d'observations soute-
nues, d'un examen mûr et impartial.

Que mes lecteurs ne s'imaginent donc pas
que je veuille leur présenter dogmatiquement
le simple résultat de mes travaux, et leur
demander de l'adopter de confiance; loin de
là, je viens, les faits et les documens à la
main, en appeler à l'esprit de comparaison
et de critique qui distingue et recommande
notre époque; je viens soumettre ces docu-

mens et ces faits à la raison indépendante, au jugement éclairé du public, afin que ceux qui me liront puissent eux-mêmes, en connaissance de cause, se former leur propre conviction. Je n'aspire qu'à leur en fournir le moyen.

Qu'ils ne s'arrêtent donc à mes assertions, qu'autant qu'ils les trouveront justifiées; à mes raisonnemens, qu'autant qu'ils les reconnaîtront justes et convaincans; à mes conclusions enfin, qu'autant qu'elles seront, à leurs yeux, logiquement déduites des prémisses posées, et complètement démontrées.

Je ne me suis occupé que des choses, jamais des personnes; mais la considération des personnes n'a pas dû m'empêcher, et elle ne m'a pas non plus empêché d'attaquer de faux systèmes, des préjugés et des erreurs qui, pour être fort accrédités, n'en sont pas pour cela, du moins à mes yeux, plus respectables.

PREMIÈRE PARTIE.

L'ÉTUDE DU DROIT ROMAIN

OFFRE-T-ELLE ENCORE AUJOURD'HUI DE

L'UTILITÉ ?

« Combien la jeunesse française est obligée à ceux
« qui lui font employer son temps en l'étude de
« choses pour lesquelles il n'y a aucun profit ni usage
« pour la vie humaine, et, comme Justinien les ap-
« pelle, *en vieilles fables!* »

François Hotman.

CHAPITRE PREMIER.

Le droit romain n'ayant plus force de loi chez nous, n'y étant même plus en rapport, en harmonie, avec les mœurs et la civilisation, c'est aujourd'hui une question controversée, à l'École et au Palais, de savoir quel genre d'utilité l'étude et l'enseignement de ce droit peuvent encore offrir chez nous, et quelle serait la meilleure marche à suivre pour l'enseigner.

Cette question, sans contredit l'une des plus

importantes qui puissent s'agiter au dedans et au dehors de nos écoles, je vais l'examiner sous ces deux points de vue; je le ferai avec impartialité et franchise, sans prévention comme sans timidité.

Mais, d'abord, gardons-nous de cette erreur vulgaire qui fait consister tout le talent du jurisconsulte dans la connaissance du texte de la loi, de la disposition législative.

A ce compte, l'auteur de la *Mnémotechnie*, M. Aimé Paris, serait sans contredit le premier jurisconsulte du siècle!

Évidemment il n'en saurait être ainsi : le talent du jurisconsulte présuppose, il est vrai, la connaissance du texte de la loi, il ne pourrait même s'exercer sans cette connaissance indispensable; mais elle n'en est qu'un élément tout-à-fait secondaire, que *l'instrument* en quelque sorte. Ce talent a en soi quelque chose de plus élevé; il est placé plus haut; il prend sa source dans le concours et la combinaison de qualités supérieures qui ne se trouvent que rarement réunies : savoir, cette droiture de sens et de juge-

ment qui, servant de guide, et en quelque sorte
de fil conducteur, au milieu du labyrinthe des
opinions opposées, des décisions contraires, fait
pressentir tout d'abord de quel côté se trouve
le vrai ou le faux, et ne permet pas de s'y mé-
prendre; ce coup d'œil rapide et sûr qui embrasse toutes les faces d'une question, toutes les
parties d'un sujet, et en domine l'ensemble;
cette pénétration qui va au fond des choses, cette
sagacité qui ne laisse rien échapper, et au milieu
des raisons *de douter* distingue sur-le-champ et
signale la raison *de décider;* cet art profond d'argumentation qui enchaîne systématiquement
une suite de propositions, et arrive par des dé-
ductions rigoureuses à une démonstration évidente, à une conclusion irrécusable; cette puissance et cette hauteur de logique, enfin, qui
tire d'un principe général et abstrait toutes les
espèces particulières qu'il renferme, et en dé-
roule hardiment les conséquences. Or, évidemment ce talent, avec les qualités éminentes qu'il
suppose, est indépendant en soi de la législation
sur laquelle il s'exerce, comme de toutes circonstances de temps et de lieu. Papinien, s'il vivait

de nos jours et parmi nous, en admettant toutefois que son talent fût égal à sa renommée, serait encore un grand jurisconsulte; et Dumoulin et Merlin, s'ils avaient vécu à Rome du temps de Papinien, n'y auraient certainement rien perdu en renommée et en célébrité. Que dis-je? leur nom, grandi par le lointain des âges, par le prestige de l'antiquité, n'en serait que plus imposant, et leur autorité plus révérée.

D'après cela, il est aisé de voir que, si le droit romain n'était qu'un recueil de lois proprement dites, ou de constitutions impériales, il vaudrait autant, et mieux pour nous, étudier le droit vivant d'un peuple contemporain, dont l'état social se rapprocherait du nôtre, qu'une législation morte et surannée, sur laquelle ont déjà passé tant de siècles. Qu'y verrions-nous en effet? Des ressemblances, des différences avec la nôtre; et ce tableau comparatif pourrait peut-être, par ses analogies et ses contrastes, enrichir notre intelligence de quelques aperçus nouveaux, et agrandir le cercle de nos idées. Mais quelles lumières particulières y puiserions-nous pour l'entente et

l'interprétation de nos propres lois? quel secours en tirerions-nous pour les améliorer et les perfectionner? Ce seraient, en vérité, d'admirables législateurs à proposer de nos jours pour modèles, que tous ces empereurs qui n'ont, pour la plupart, signalé leur passage sur le trône que par des extravagances et des folies; et l'on serait certes bien venu à vouloir nous faire adorer, sous le nom fastueux de *raison écrite*, les décisions émanées de leur bon plaisir. Macrin ne pouvait souffrir qu'on regardât comme des lois les réponses de Commode, de Caracalla, et de tous ces autres princes pleins d'impéritie : « *Nefas est*, s'écriait-il, *leges videri Commodi et Caracallæ et hominum imperitorum voluntates.* » « Et je trouve,
« dit un auteur trop peu connu (P. Chabrit),
« qu'il témoignait en cela beaucoup de sens;
« quand le plus inepte ou le plus corrompu des
« juges, quand le plus fourbe ou le plus accré-
« dité des plaideurs avait interrogé l'empereur
« sur une affaire particulière, et qu'il avait
« pu en obtenir un rescrit, c'était une loi de
« laquelle il n'était pas permis de s'écarter, et
« que l'on citait ensuite, contre les dispositions

« des autres lois, dans toutes les affaires qui
« présentaient quelque ressemblance. L'abus des
« rescrits allait si loin, que ceux qui ne pou-
« vaient pas en rapporter voulaient être jugés
« sur la parole de l'empereur, c'est-à-dire sur
« leur propre parole......

« Il est vrai que les empereurs, frappés de
« l'abus des rescrits, ordonnèrent qu'ils ne se-
« raient point invoqués lorsqu'ils blesseraient
« l'ordre public ou quelques lois faites avec ré-
« flexion. Mais, après avoir conféré le droit pu-
« blic avec la décision particulière, le juge le
« plus sûr de ses lumières n'aurait pu préférer
« le droit au rescrit sans se compromettre. Plu-
« sieurs empereurs l'avaient expressément dé-
« fendu. Il arrivait de là que les juges, qui n'a-
« vaient rien à craindre en obéissant au rescrit,
« se contentaient d'en suivre le sens apparent,
« quelque déraisonnable qu'il fût, et que les
« meilleures lois étaient méprisées, parce qu'elles
« n'étaient pas l'ouvrage de la sollicitation secrète
« et du despotisme. »

Les jurisconsultes qui formaient le conseil des

empereurs n'étaient guère que des esclaves autour d'un despote ; d'ailleurs, comme on sait,
les empereurs ne consultaient le plus souvent
que leurs fantaisies bizarres ou leurs caprices tyranniques. « La république, a dit M. Garat, n'a
« conquis le monde que pour le remettre au pou-
« voir d'un seul homme, que pour tomber elle-
« même, avec toutes les nations vaincues, dans
« les fers d'un despote; et ce nouvel ordre de
« choses, si funeste à l'univers, devient une nou-
« velle source de confusion et de désordres pour
« le droit romain. Les empereurs, mal établis
« sur un trône élevé par les guerres civiles, tou-
« jours occupés à étendre leur puissance et à en
« cacher l'étendue, mettent dans toutes les lois
« qui émanent de leur pouvoir l'obscurité et l'in-
« certitude qu'ils laissent sur leur pouvoir même ;
« et leurs lois, toujours dictées par l'esprit du
« despotisme, mais toujours revêtues des formes
« de la liberté, s'enveloppent incessamment de
« mystères impénétrables. Je remarque quels
« sont les princes qui, pendant six à sept cents
« ans, depuis César jusqu'à Justinien, se succè-
« dent sur ce trône qui donne des lois au monde;

« et, pour un Trajan et un Marc-Aurèle, je
« vois vingt Nérons et vingt Commodes : je dé-
« couvre que le plus grand nombre des lois ro-
« maines ont été faites par les tyrans qui ont le
« plus déshonoré et affligé la nature humaine.

« Au milieu de cette instabilité des choses, où
« tout change à chaque instant, la fureur de faire
« des lois est devenue une espèce de délire. Tout
« est loi : *les constitutions, les mandats, les édits, les*
« *rescrits, les lettres, les billets, les paroles* même
« échappées aux empereurs; ils ne peuvent plus
« ni parler ni écrire sans donner des lois au
« monde!...

« Au fond, ces décisions n'étaient pas des
« lois, c'étaient des arrêts; c'étaient les arrêts du
« plus violent despotisme, puisqu'on faisait une
« loi pour juger un procès. Et ce sont ces actes
« de tyrannie qui forment une grande partie des
« lois du code! »

Mais le droit romain n'est pas là; c'est un recueil, non pas de textes de lois ou ayant force
de loi, mais des applications raisonnées et

motivées que les jurisconsultes romains en ont
faites aux différens cas sur lesquels ils ont été
consultés, des interprétations qu'ils en ont données; c'est le recueil de leurs décisions, de leurs
controverses, de leurs discussions sur des points
de doctrine débattus entr'eux, et enfin de divers fragmens de leurs ouvrages élémentaires
destinés à l'enseignement.

Or, ces jurisconsultes *classiques*, si je puis ainsi
parler, dont on ne sait encore aujourd'hui, dans
les écoles du moins, prononcer le nom qu'avec
des formules d'admiration qu'il n'est pas, à la
vérité, toujours facile de s'expliquer, ne se re-
commandent-ils pas, en général, par leur logique,
par leur doctrine, par le nombre, la variété de
leurs décisions, et la sagacité, souvent trop subtile, dont elles sont empreintes?

Dès lors, n'est-ce pas en les étudiant, en les
prenant pour modèles dans l'art difficile d'interpréter les lois, d'en fixer le sens, de découvrir,
malgré l'obscurité ou l'ambiguité d'expressions
insuffisantes, l'intention véritable de ceux qui
testent ou qui contractent, de poser les principes,

de tirer les conséquences; n'est-ce pas, dis-je, en se pénétrant de leurs maximes et de leur méthode, que l'on parviendra soi-même à donner à ses raisonnemens plus de précision, plus de force et de clarté; en un mot, que l'on deviendra jurisconsulte?

Oui, voilà, en théorie du moins et *in abstracto,* un aspect sous lequel le droit romain s'offre à nous comme un objet vraiment digne de nos méditations; voilà aussi la considération que les esprits affranchis des préjugés vulgaires se plaisent surtout à invoquer, et à faire valoir en sa faveur; voilà, dis-je, leur argument, le voilà dans toute sa force.

Mais, sans examiner ici si l'on ne pourrait pas revendiquer, à juste titre, pour les jurisconsultes célèbres de notre magistrature et de notre barreau ancien et moderne, un mérite et un honneur qu'on se plaît, et à tort selon moi, à reporter exclusivement sur les jurisconsultes de Rome, dont on veut, à toute force, faire des hommes à part, des êtres privilégiés, des espèces de demi-dieux; tel est, *en fait,* l'état de lacération et de désordre dans lequel leurs écrits, si vantés, nous sont parvenus, que toute l'utilité qu'on peut retirer, pour l'objet dont il s'agit, de l'étude approfondie des fragmens qui nous en restent se réduit pour nous, il faut le reconnaître, à celle d'une espèce de *gymnastique intellectuelle* qui a tout au plus l'avantage de fortifier l'esprit, de l'aguerrir, en l'obligeant à déployer tous ses efforts, à user de toutes ses ressources pour se faire jour au milieu de ce dédale d'incohérences et de contradictions, de cette masse confuse de textes tronqués ; au milieu, s'il m'est permis de m'exprimer ainsi, de cet informe amas de ruines et de débris appartenant à des monumens et à des âges différens, et qui conservent à peine quelques traces de leur grandeur et de leur beauté première.

Ce tableau n'a rien d'exagéré : pour s'en convaincre, il suffit de jeter un coup d'œil sur la composition des compilations romaines, et notamment du *Digeste*, la plus volumineuse et la plus importante de toutes, et celle où, à vrai dire, se trouve à peu près tout ce qui nous reste du *droit romain*.

Justinien, dans les deux ou trois préfaces dont il a fait précéder le Digeste, nous apprend qu'en ordonnant de composer cet ouvrage, il a eu la pensée de réunir et de fondre dans un seul recueil, qu'il qualifie de *Compendium moderatum*, l'immense quantité de matériaux et d'écrits sur le droit, accumulés depuis la fondation de Rome jusqu'à lui, c'est-à-dire pendant un espace de 1300 ans. *Omnem romanam sanctionem*, dit-il (principium et § 1, præf. 3, Digest.), *à conditâ vetere Româ usquè ad nostri imperii tempora, quæ penè in mille et trecentos annos concurrunt, in moderatum et perspicuum collegimus compendium.*

« Du temps de Justinien, dit un auteur
« du XVI⁰ siècle, François Hotman, il y avait
« une infinité de lois publiées, en partie du
« temps des rois, en partie du temps de la
« liberté, et en partie aussi du temps des Césars;
« lesquelles lois, selon la diversité du temps
« et les formes de la république, étaient né-
« cessairement répugnantes, contradictoires et
« abrogatives les unes des autres. Outre cela, il
« était survenu un grand nombre de livres faits

« et publiés par les jurisconsultes, contenant en
« partie l'exposition desdites lois, et en partie
« aucunes disputes, conseils, réponses et autres
« traités particuliers desdits auteurs; tellement,
« que Jules César, qui fut environ 500 ans avant
« Tribonien, voyant un tel déluge et confusion,
« fut en délibération d'y mettre quelque remède
« et amendement.

« Mais, depuis sa mort, il survint un autre dés-
« ordre encore bien plus grand, et plus énorme
« beaucoup : car du temps d'Auguste et de Tibère,
« s'élevèrent deux bandes et partialités de juris-
« consultes qui se firent la guerre si âprement et
« si opiniâtrement les uns aux autres, qu'elle fut
« héréditaire, et dura l'espace de plus de 300 ans
« après. L'un des partis se fit nommer les *Sabi-*
« *niens*, et l'autre, les *Proculéiens*. Ces deux factions
« remplirent la ville de Rome d'une infinité de
« débats et écrits contraires les uns aux autres,
« et ce en la plupart des points et matières du
« droit, comme Justinien le témoigne, parlant
« ainsi : *Cùm per contrarias interpretantium sen-*
« *tentias totum penè jus conturbatum est.* »

Ce sont tous ces matériaux que Justinien entreprit de rédiger en un seul volume. L'exécution de ce gigantesque projet lui parut d'abord excéder les forces humaines, *humanæ imbecillitati nullo modo possibile;* il s'en effraya, et il fut sur le point d'y renoncer. Mais, ajoute-t-il, après avoir levé les mains au ciel et invoqué avec ferveur le secours de la Divinité, *manibus ad Deum erectis, eoque ut nos complecti dignaretur invocato,* il eut assez de confiance dans la protection céleste pour oser entreprendre cette tâche, *eam quoque curam nostris reposuimus animis.*

Il nomma donc des commissaires, et il les chargea de rechercher et de compulser, sous la direction de son chancelier Tribonien, président de la commission, les écrits des anciens jurisconsultes, *qu'il qualifie d'innombrables,* et dont le nombre était si grand, en effet, qu'au dire d'Eunape, dès le temps de Gratien, les différens volumes dans lesquels on avait recueilli le droit alors en vigueur auraient seuls suffi pour charger plusieurs chameaux.

Justinien, dans sa deuxième préface, nous fait

même connaître les noms et qualités de ces commissaires, qui étaient au nombre de dix-sept, savoir : Tribonien, son chancelier; Constantin, son trésorier; Théophile et Cratinus, professeurs de droit à Constantinople; Dorothée et Anatolius, professeurs de droit à Béryte; ce sont là les plus connus. Puis viennent Étienne, Menna, Prosdocius, Eutolmius, Timothée, Léonide, Léonce, Platon, Jacques, Constantin, Jean, tous avocats *apud maximam sedem præfecturæ,* et apparemment fort occupés comme tels.

Tribonien a été l'objet de graves inculpations :

« Il était si avare, dit François Hotman, qu'il
« faisait marché ordinaire du droit et de la jus-
« tice, et pour prix d'argent établissait ou abo-
« lissait les lois, selon qu'il les voyait être pro-
« fitables au premier qui lui fournissait : voilà
« les paroles de Suidas. Autant en écrit Procope
« qui fut du temps dudit Tribonien, et au service
« du même empereur, disant, d'abondant, qu'il
« faisait état et marchandise publique de faire
« ou défaire les lois, et qu'il ne passait un seul
« jour qu'il n'en établît ou abolît une. »

Aussi un auteur moderne lui a-t-il spirituel-
lement reproché d'avoir établi dans le palais de
l'empereur une espèce de *banque de législation, où
on allait acheter une loi, comme une lettre de change.*

Quant à ses collaborateurs, Hotman en parle
en ces termes :

« Ne sais-je pas au vrai si la suffisance des seize
« autres ouvriers que Tribonien, chef et con-
« ducteur de l'entreprise, employa en cette af-
« faire était fort différente de la sienne. Pour le
« moins il est certain qu'ils étaient tous Grecs de
« nation, qui, néanmoins, maniaient les livres
« latins et dont aucuns étaient écrits d'un style
« si ancien, que Cicéron même, 500 ans aupara-
« vant, témoigne que, pour l'antiquité du lan-
« gage, il y avait des passages si obscurs que les
« jurisconsultes de son temps ne les pouvaient
« entendre. »

Le travail qui leur était confié présentait cependant, on le sent, d'immenses difficultés,
et exigeait, pour son exécution, un temps considérable ; en effet, il ne s'agissait de rien moins
que de lire avec attention , avec réflexion,

une multitude immense de livres, pour séparer
ceux auxquels il pourrait être utile de faire des
emprunts, de ceux dont il n'y aurait rien à tirer.
Ce travail préparatoire, s'il faut en croire Justinien, fut exécuté soigneusement, et donna pour
résultat un nombre de *deux mille* volumes (c'est
le chiffre indiqué par Justinien), qu'il fallut re-
lire encore avec plus de soin, plus d'attention,
pour en faire des analyses et des extraits.

Justinien nous apprend même que le président
de la commission, Tribonien, découvrit dans la
poussière des bibliothèques des ouvrages qui y
étaient oubliés, et que les plus savans eux-mêmes
connaissaient à peine de nom.

*Tribonianus, vir excellentissimus, præbuit in qui-
bus multi fuerant et ipsis eruditissimis hominibus in-
cogniti.* (Præf. 2, § 17, *in fine.*)

*In præsenti autem consummatione, maximus legum
obtinentium congestus est numerus ex libris raris, et
qui vix inveniri potuerint, et quorum nec nomina nec
eruditissimi quidem in legibus complures homines
noverant; quorum sanè copiam (seu materiam) nobis*

uberrimam dictus gloriosissimus Tribonianus præbuit.
(Præf. 3, § 17.)

Certes, il n'est personne qui ne sera de l'avis de Justinien, lorsqu'il nous dit qu'après avoir cru un moment ce travail impossible, il avait ensuite pensé que dix années suffiraient à peine pour le terminer. *Quod à nobis ab initio omnem spem excedere, circà finem autem, cùm jàm penetrabilem esse rem docuimus, ne in decem quidem annis totum absolvi posse videbatur.*

Et, cependant, combien croit-on qu'il fallut de temps à ses commissaires pour s'en acquitter? combien? Trois ans, pas davantage. *Trium annorum celeritate consummato opere...* Et encore, étant tous ou fonctionnaires, ou professeurs, ou avocats, et par conséquent surchargés, à ces divers titres, d'occupations d'un autre genre, combien peu d'heures ne devait-il pas leur rester pour le travail dont il s'agit?

Quoi qu'il en soit, « étant, dit Hotman, ce « grand amas de deux mille volumes de juris- « prudence porté au palais de l'empereur, l'on

« y besogna de telle sorte, que, comme s'ils eus-
« sent passé par l'alambic, en moins de trois ans,
« ils furent distillés et réduits au nombre de
« cinquante livres. »

Qui ne voit que Tribonien et ses collaborateurs, pressés de s'affranchir du fardeau que Justinien leur avait imposé, et en même temps de
s'attirer les éloges et les récompenses de leur
docte et magnifique empereur, par l'apparence
d'un zèle qui dépassait toutes ses espérances, ne
se sont pas fait scrupule de travailler avec des ci-
seaux, jusqu'à ce qu'ils ont eu découpé çà et là
et rassemblé les fragmens dont l'ensemble forme
aujourd'hui le Digeste?

Qu'on juge, d'après cela, ce que doit être cette
compilation, dans laquelle ils ont fait entrer,
comme Justinien nous l'apprend, cent cinquante
mille lignes, *quindecim myriadum versuum nume-
rum eis dantes!*

Certes, l'idée première de Justinien, de réunir
et de fondre en un seul et même recueil des passages empruntés à un aussi grand nombre d'au-

teurs, malgré la divergence de leurs opinions, la diversité et la contrariété de leurs doctrines, la différence des temps où ils avaient vécu, des sectes auxquelles ils avaient appartenu, ne pouvait jamais produire, au lieu d'un édifice symétrique et régulier, qu'un assemblage informe et confus de matériaux hétérogènes, d'élémens disparates.

Mais combien la précipitation, vraiment inconcevable, apportée à l'exécution d'un travail qui exigeait, avant tout, autant de patience et d'application que de lenteur et de maturité, n'a-t-elle pas dû ajouter encore aux vices et aux imperfections qui en étaient inséparables? Qui pourrait, après cela, s'étonner et que les mêmes choses y soient répétées tant de fois, et que, sur la plupart des questions, des paragraphes de quelques lignes à peine, tirés ou non du même auteur, s'y rencontrent, non pas à la suite l'un de l'autre, mais séparés, malgré leur évidente corrélation, par des paragraphes intermédiaires qui y sont totalement étrangers, souvent par des titres et par des livres entiers, sans parler des contradictions et des incohérences qui s'y remarquent en si grand nombre?

Aussi, dans son langage pittoresque, l'auteur du *Discours pour l'étude des lois*, dit-il avec autant de vérité que de naïveté : « Entre autres choses « que le lecteur pourra voir dignes d'être re- « marquées en ce chef-d'œuvre, c'est la ro- « gnure, découpure, et ramas de ces pièces « bigarrées, prises et extraites des livres et « écrits de ces jurisconsultes grecs, latins, que « Tribonien nous dit avoir échangés au lieu de « deux mille volumes... Or, en tout ce ramas, il « ne nous a laissé aucun traité ou discours en- « tier, ains seulement des propos rompus, in- « utiles, et recueillis par ci par là, maintenant de « l'un, tantôt de l'autre, sans aucune liaison et « fil continuel de dispute; car de deux ou trois « mille traités faits par divers auteurs, il en a pris « une ligne de l'un, six de l'autre, neuf ou dix « d'un autre.....

« Tribonien, rassemblant ainsi tant de divers « lopins, n'a gardé ordre, suite ou disposition en « aucune manière. Et, qui plus est, ses propos « s'entretiennent si mal, et sont si tronçonnés et

3.

« entre-rompus, qu'ils ressemblent plutôt à un
« *coq-à-l'âne* (comme on dit communément), qu'à
« l'instruction d'un sage et avisé précepteur… (1).

     « A quoi il faut ajouter que les fragmens et
« lopins étant extraits des livres de ces diverses
« factions et partialités nommées *Sabiniens* et *Pro-*
« *culéiens*, il a été force qu'il soit demeuré une
« infinité de répugnances et de contradictions,
« lesquelles on nomme vulgairement *antinomies*.
« Car, encore bien que Tribonien se vante plu-
« sieurs fois du contraire, et nous dise que les li-
« vres anciens étaient pleins de telles contrariétés,
« mais que les siens en sont du tout exempts et
« repurgés, toutefois l'expérience nous montre
« évidemment le contraire ; il n'y a guère aujour-
« d'hui de docteur, qui soit de nom et de répu-
« tation, qui ne le confesse franchement.

(1) Il n'y a donc aucune comparaison à établir entre
l'étude des textes du droit romain, en l'état où ils nous sont
parvenus, et celle des ouvrages des poètes, des orateurs,
des philosophes, et des historiens latins, qui, du moins,
n'ont pas eu à subir, comme le droit romain, des mutilations
systématiques.

« Tribonien se vante encore souvent de n'avoir
« laissé aucune superfluité, redite, ou sentence
« réitérée. Toutefois il se trouve un grand nom-
« bre de passages, non seulement conformes en
« substance, mais aussi de tout semblables et en
« paroles et en syllabes. »

Ce n'est pas tout : Justinien nous apprend qu'il
a prescrit à Tribonien et à ses collaborateurs de
conserver, en tête de chaque fragment, le nom de
l'auteur qui l'avait fourni; et que cependant il les
a autorisés à y faire tous les changemens qu'ils
jugeraient convenables, et qu'il a défendu d'op-
poser le texte original à leurs altérations, ne vou-
lant pas qu'on reconnût d'autres textes que ceux
qui seraient sortis de leurs mains, et tels qu'ils
en seraient sortis.

« Hoc etiam nihilominùs observando ut, si aliquid in
« veteribus legibus vel constitutionibus quas antiqui
« in suis libris imposuerunt, non rectè scriptum in-
« veniatis, et hoc reformetis, et ordini moderato tra-
« datis; ut hoc videatur esse verum, et optimum, et
« quasi ab initio scriptum, quod à vobis electum, et
« ibì positum fuerit. Et nemo ex comparatione vete-

« ris voluminis quasi vitiosam scripturam arguere
« audeat..... et in tantum volumus eadem om-
« nia cùm reposita sunt obtinere ut, etsi aliter
« fuerant apud veteres conscripta, in contrarium au-
« tem in positione inveniantur, nullum crimen scrip-
« turæ imputetur, sed nostræ electioni hoc adscriba-
« tur. » (Præf., 1, § 7.)

Il est résulté de là que souvent on trouve dans
le Digeste, sous le nom d'un jurisconsulte, des
passages qui lui sont tout-à-fait étrangers, et qui
ne doivent être attribués qu'aux interpolations de
Tribonien et de ses collègues; de sorte qu'à tous
les autres reproches que mérite leur compilation
il faut ajouter celui de falsification des textes et
d'infidélité historique.

C'est encore ce que Hotman lui reproche avec
raison, en ces termes :

« Encore bien qu'il fasse le scrupuleux et con-
« sciencieux en la transcription des écrits desdits
« jurisconsultes, protestant qu'il n'a rien mis
« en toutes les Pandectes sans exprimer notam-
« ment le nom et le titre de l'auteur, tellement

« qu'en plusieurs endroits l'inscription de la loi
« sera de deux lignes entières, et la loi *d'un*
« *mot seulement* (1); cependant, depuis que les
« bonnes lettres ont ouvert les yeux et entende-
« mens aux hommes, on a découvert manifeste-
« ment que ledit Tribonien a faussement mêlé du
« sien, non seulement deux ou trois mots, mais
« aussi des lignes et des propos, voire même, peut-
« être, des pages tout entières. Pour juger de ce
« point sans aucune difficulté, que l'on confronte
« seulement le livre des sentences de Paul avec
« les lois que Tribonien en a extraites et mises en
« ses Pandectes, et de là on connaîtra évidem-

(1) En effet, en tête de la loi 2, Dig., *de incendio et nau-fragio*, il a eu soin de nous avertir que le mot *locos*, qui, chose singulière, compose à lui seul toute cette loi, est tiré du *liv.* 21 *du commentaire de Gaïus sur l'édit provincial ;* de même, en tête de la loi 3, Dig., *de usu et habitatione*, Tribonien a eu soin de nous prévenir que les mots *et clientes*, qui pareillement composent à eux seuls toute cette loi, sont tirés de *Paul, liv.* 3, *ad Vitellium*, etc. : comme s'il y avait la moindre importance à nous apprendre que ces deux mots appartenaient à tel ou tel des jurisconsultes, et non à l'arrangeur lui-même du Digeste !

« ment la sainte et scrupuleuse conscience du
« bon Tribonien. »

Enfin, pour achever de démontrer combien
toute espèce d'idée philosophique, de vue systé-
matique, a été étrangère à la composition de ce
recueil, je ne citerai plus qu'un dernier aveu de
Justinien, qui me semble ne rien laisser à désirer
à cet égard.

Assurément, c'était une grande et difficile
question que celle de l'ordre et de la division à
adopter pour un ouvrage d'une aussi vaste étendue que le Digeste, et pour la distribution mé-
thodique des matières qu'il embrasse.

Eh bien! Justinien nous apprend qu'il l'a
divisé en *sept* parties; et il nous dit très-sérieu-
sement qu'il a entendu qu'on le divisât ainsi
par respect pour la nature et la vertu des nombres !

Voici ses propres paroles, je les cite textuellement :

*In septem partes eos (libros) digessimus non
perperàm, neque sine ratione, sed in numerorum na-*

turam et artem respicientes, et consentaneam eis di-
visionem partium conficientes. (Præf. 2, Digest. de
Confirmat., § 1.)

Et ailleurs (Præf. 3, § 1.) *In septem eos*
(libros) disponentes tractatus; idque non perperàm,
neque sine ratione, sed ad numerorum naturam et
harmoniam respicientes.

N'est-ce pas, je le demande, quelque chose
d'humiliant que de voir à la tête d'un semblable
ouvrage, et comme explication de son plan, une
raison tirée de la propriété cabalistique des
nombres !

Assurément, si de nos jours on prenait çà et
là des fragmens dans les ouvrages de nos jurisconsultes anciens et modernes, dans les consul-
tations et les mémoires de nos meilleurs avocats,
dans les traités et les commentaires de nos
professeurs les plus estimés, et jusque dans nos
recueils d'arrêts, en les tronquant et en les mu-
tilant ; et que de tous ces matériaux entassés
pêle-mêle on formât une immense compilation,
on aurait quelque chose de semblable au Digeste,

quelque chose de moins défectueux encore peut-
être que cette espèce de *Babel* juridique.

Véritable Babel en effet ; « car, comme l'a dit
« M. Garat, on y a rassemblé, sous les mêmes ti-
« tres, les maximes vagues et générales des anciens
« jurisconsultes, qui, souvent, n'ont pas plus de
« rapport entre elles qu'avec le titre sous lequel
« elles sont rassemblées ; qui répètent quelque-
« fois le même principe de vingt façons diffé-
« rentes, sans lui donner jamais plus de clarté et
« plus de développement ; qui décident d'autres
« fois les mêmes questions d'une manière abso-
« lument opposée, sans que rien vous détermine
« à préférer l'avis d'Ulpien à celui de Paul, ou
« l'avis de Paul à celui d'Ulpien. On y a rassem-
« blé les vices de tous les siècles de la législa-
« tion romaine, les vues opposées des plébiscites
« et des sénatus-consultes, les vues mobiles et
« changeantes des édits des préteurs, les sectes
« et les opinions opposées des jurisconsul-
« tes, etc. »

Si l'on réduisait la compilation que j'ai supposée aux formes exiguës d'un petit *in-octavo* de 120

pages, en n'y faisant entrer autant que possible que des extraits de nos ouvrages élémentaires sur le droit, on aurait quelque chose d'analogue aux *Institutes* de Justinien, et de moins imparfait peut-être que ces élémens, qui, remplis de détails inutiles et confus, présentent beaucoup de lacunes, et ont de plus l'inconvénient grave de n'offrir aucune vue nette, aucune idée un peu générale d'une partie quelconque du droit romain.

Quant au *Code* et aux *Novelles*, il est inutile d'en parler; car ce ne sont que de simples recueils de constitutions.

Maintenant, je le demande à tout homme de bonne foi, à tout esprit exempt de préventions, n'ai-je pas eu raison de dire que toute l'utilité que l'on peut se flatter raisonnablement de retirer de l'étude du droit romain, considéré comme moyen de se former dans l'art du raisonnement et de l'interprétation des lois, en un mot, d'acquérir les qualités essentielles au jurisconsulte, se réduit à celle d'une espèce de *gymnastique intellectuelle*, moins propre en vérité à fortifier l'esprit et à l'éclairer, qu'à le fatiguer et à le décourager, sans parler de tout le temps qu'il faudrait se résoudre à y perdre.

Et encore cette gymnastique d'un nouveau genre n'est-elle à la portée que d'un très-petit nombre d'esprits, comme je le démontrerai par des exemples empruntés aux différentes parties du droit romain.

Ce sera l'objet du chapitre suivant.

CHAPITRE DEUXIÈME.

Dans le chapitre précédent j'ai fait voir, par l'historique même de la rédaction des recueils du droit romain, que l'étude des textes qu'ils renferment, considérée en elle-même, n'était qu'une espèce de *gymnastique intellectuelle,* peu propre à fortifier l'esprit, et décourageante par ses difficultés.

Actuellement je vais démontrer que cet exercice d'un nouveau genre n'est encore lui-même à la portée que d'un petit nombre de personnes; car, abstraction faite des mutilations que les écrits des jurisconsultes rómains ont subies, et du cahos qui règne dans les débris qui nous en restent, ces écrits, consacrés à la discussion d'espèces presque toujours fort compliquées, fort difficiles, brillent en général par la *concision*, mais nullement par la *clarté*; et, comme chacun peut s'en convaincre en ouvrant au hasard le Digeste, il n'y a guère que des hommes tout-à-fait spéciaux qui puissent en lire de suite quelques paragraphes sans être arrêtés par la difficulté que présente l'intelligence du texte, déconcertés par la hardiesse extrême des ellipses, soit de mots, soit d'idées, qui s'y rencontrent à chaque instant.

Je vais le prouver par des exemples empruntés aux diverses matières du droit romain.

C'est ici, à vrai dire, la partie la plus aride et la plus ingrate de ma tâche.

Pour m'en acquitter complètement et *consciencieusement*, comme je le dois, je ne puis, en effet, me dispenser de passer en revue un assez grand nombre de textes qui n'auront sans doute rien d'attrayant, mais qui n'en mettront que mieux en lumière la vérité que je veux démontrer.

D'ailleurs, le véritable sens de plusieurs de ces textes a été méconnu par des auteurs d'un grand poids, dont le nom fait autorité dans la science, tels que Cujas et Pothier ; et comme les étudians ont à répondre sur ces textes, qui jouent même un grand rôle dans les interrogations de l'école, ils me sauront peut-être quelque gré du soin que je mettrai à leur en aplanir les difficultés, bien que je n'ose me flatter d'y réussir pleinement. J'aurai droit aussi, je l'espère, sinon à la reconnaissance, du moins à l'attention, de ceux qui se complaisent surtout dans l'explication des textes, et qui même ne voient rien au delà.

Enfin je prierai ceux de mes lecteurs qui, peu habitués à la langue et aux idées de la jurisprudence romaine, ne trouveront là que fatigue et ennui, de vouloir bien considérer que, à moins de sacrifier mes preuves, je n'ai pas été libre de prendre une autre marche ; et je me permettrai de leur recommander, pour leur édification, de me suivre, s'ils le peuvent, jusqu'au bout, afin de juger, par cette épreuve, de tout ce qu'il leur faudrait de temps, d'application et de patience, pour faire une étude analogue des innombrables fragmens du même genre dont le Digeste est rempli.

PREMIER EXEMPLE.

La loi 55 *ad legem Aquiliam* va nous fournir un premier et curieux échantillon du style et de la manière des jurisconsultes romains.

Mais d'abord il faut savoir que cette loi a introduit une action qu'on appelle *actio damni injuriæ*, pour la réparation de tout dommage causé à tort et sans droit.

Cette loi avait plusieurs chefs.

Dans le premier elle s'occupait notamment du

meurtre d'un esclave, considéré comme diminution du patrimoine du maître.

« Damni injuriæ actio constituitur per legem
« Aquiliam, cujus primo capite cautum est ut ,
« si quis alienum hominem.... injuriâ occide-
« rit... etc. » (Instit. *de lege Aquiliâ.*)

L'auteur du meurtre était obligé de payer la valeur de l'esclave, et même la plus haute valeur qu'il avait eue dans l'année qui avait précédé le meurtre.

« Quanti... in eo anno plurimi fuerit, tantùm
« domino dare damnetur. » (Ibid.)

Par ces mots : *quanti in eo anno plurimi fuerit,* la loi a voulu dire que, si l'esclave qu'on a fait périr était, au moment de sa mort, manchot, boiteux ou borgne, mais qu'il le fût depuis moins d'un an, on le paierait comme si, à sa mort, il n'avait aucune de ces infirmités ; comme s'il était *integer.* On paiera donc quelque chose en sus de ce dont on a privé le maître. L'action ne tend donc pas seulement à la réparation du tort, mais encore à la punition de celui qui l'a causé : elle a donc quelque chose de pénal.

« His autem verbis legis, *quanti id eo in anno*
« *plurimi fuerit*, illa sententia exprimitur ut, si
« quis hominem tuum, qui hodiè claudus, aut
« mancus, aut luscus erit, occiderit, qui in eo
« anno integer aut pretiosus fuerit, non tanti te-
« neatur quanti hodiè erit, sed quanti in eo anno
« plurimi fuerit. Quâ ratione creditum est pœna-
« lem esse hujus legis actionem, quia non solùm
« tanti quisque obligatur quantùm damni dede-
« rit, sed aliquandò longè pluris. » (Instit.
ibid., § 9.)

Ce n'est là qu'une conséquence rigoureuse des termes mêmes de la loi; mais une décision qui a été admise, moins par application de ses termes, que par interprétation de son esprit, c'est que, non seulement, il faut tenir compte de l'esclave qu'on a fait périr, mais encore de tout le tort que sa perte a pu indirectement causer.

Ainsi, par exemple, si l'esclave était institué héritier, et qu'il eût été tué avant d'avoir fait adition, il faudrait tenir compte au maître, non seulement de la valeur de l'esclave lui-même, mais encore de celle de l'hérédité dont le maître se trouve privé par cette mort.

« Illud non ex verbis legis, sed ex interpreta-
« tione placuit, non solùm perempti corporis
« æstimationem habendam esse, secundùm ea
« quæ diximus; sed eòampliùs, quidquid præ-
« tereà, perempto eo corpore, damni nobis alla-
« tum fuerit : veluti, si servum tuum heredem
« ab aliquo institutum, antè quis occiderit, quàm
« is jussu tuo hereditatem adierit; nam heredita-
« tis quoque amissæ rationem esse habendam
« constat. » (Instit. ibid., § 10.)

Cela posé arrivons à la loi 55 (1), dont voici le texte :

« Stichum aut Pamphilum promisi Titio : »

(1) Je n'hésiterai pas à employer, dans le cours de cet ouvrage, la qualification usuelle de *lois*, pour désigner les textes du Digeste, parce que, après les explications dans lesquelles je suis entré précédemment, il est impossible qu'on se méprenne sur le sens de ce mot, et qu'on entende par là autre chose que des fragmens détachés des ouvrages des anciens jurisconsultes.

4.

Titius a stipulé Stichus ou Pamphile, au choix du débiteur :

« Cùm Stichus esset decem millium, Pamphi-
« lus viginti. »

Stichus valait *dix*, Pamphile, *vingt*.

« Stipulator Stichum antè moram occidit. »

Le créancier a tué Stichus avant que le débiteur fût en demeure.

Voilà le point de fait.

« Quæsitum est de actione legis Aquiliæ.

On a consulté sur l'application de la loi Aquilia.

Le jurisconsulte a répondu, en rappelant et précisant le point de fait :

« Cùm viliorem occidisse proponitur, in hunc
« tractatum nihilùm differt ab extraneo credi-
« tor. »

En fait, c'est le moins précieux qui a été tué; en droit, il n'y a, dans ce cas, aucune différence entre le créancier et un étranger.

« Quanti igitur fiet æstimatio? Utrùm decem
« millium, quanti fuit occisus, an quanti est quem

« necesse habeo dare, id est, quanti meâ inter-
« est?

Quel sera donc le montant de l'indemnité? Sera-t-elle de *dix*, valeur de Stichus, qui a été tué, ou bien de *vingt*, valeur de Pamphile, que le débiteur est obligé de donner? En d'autres termes, sera-t-elle ou non proportionnée au *quanti interest* du débiteur?

« Et quid dicemus, si Pamphilus decesserit
« sine morâ ? »

Et que déciderons-nous si Pamphile lui-même est venu à décéder avant que le débiteur fût en demeure?

« Jàm pretium Stichi minuetur, quoniam libe-
« ratus est promissor : »

Il faudra, *alors, jàm,* déduire la valeur de Stichus, puisque le débiteur est libéré :

« Et sufficiet fuisse pluris cùm occideretur,
« vel intrà annum. »

Et il suffira que Stichus ait eu une *plus value* au moment du meurtre, ou dans l'année qui l'a précédé.

Le jurisconsulte ajoute : « Hàc quidem ra-

« tione, etiamsi post mortem Pamphili intrà
« annum occidatur, pluris videbitur fuisse. »

Par la même raison, quand bien même Stichus n'aurait été tué qu'après la mort de Pamphile, si c'était dans l'année qui l'a suivie, il aurait encore une *plus value*.

Voilà le texte et le mot à mot de cette loi, qu'il
s'agit maintenant de comprendre et d'expliquer,
s'il est possible.

Stichus et Pamphile sont dus alternativement,
au choix du débiteur.

Stichus vaut *dix*, Pamphile, *vingt*. Le créancier
a tué Stichus avant que le débiteur fût en demeure : il en sera de ce cas, nous dit-on, comme
de celui où Stichus aurait été tué par un tiers.

Eh bien donc ! si *l'occisor* était en effet un
tiers, que pourrait demander le maître des deux
esclaves, qui devait l'un ou l'autre, à son
choix ?

Vingt évidemment, car il avait, dans la valeur
réunie de ces deux esclaves, *trente*. Il *pouvait* se
libérer en donnant Stichus, c'est-à-dire *dix* ; il de-

vait par conséquent lui rester Pamphile, ou *vingt*. Or, Stichus n'existant plus, il sera obligé de donner Pamphile, et alors il ne lui restera plus rien. C'est donc bien de *vingt* que la mort de Stichus lui fait tort, et que l'*occisor* doit l'indemniser.

Mais supposons que c'est le créancier lui-même qui est l'*occisor* : que lui devra-t-on, et que devra-t-il?

Que lui devra-t-on? — Pamphile, qui reste seul.

Que devra-t-il? — *Vingt;* car, en tuant Stichus, bien que le moins précieux des deux, *viliorem*, il a causé au débiteur un double dommage, savoir : 1° un dommage direct de *dix*, puisque telle était la valeur propre de Stichus; et 2° un dommage indirect de *dix* encore, puisque le débiteur se trouve obligé à donner, au lieu de Stichus qui ne valait que *dix*, Pamphile qui vaut *vingt*.

Le jurisconsulte a donc raison de dire qu'il n'y a, dans ce cas, aucune différence entre l'*occisor* étranger et l'*occisor* créancier; et cette conséquence lui a même paru si claire et si rigoureusement conforme au principe qu'il avait posé en ces termes : « *in hunc tractatum nihilùm differt ab extraneo creditor*, qu'il n'a pas cru devoir répondre autrement à la question qu'il se fait ensuite : « *Quanti igitur fiet æstimatio?* » Elle se trouvait déjà, en effet, résolue implicitement par l'assimilation du créancier à un étranger.

Mais arrivons au deuxième cas :

Supposons maintenant que Pamphile lui-même soit mort naturellement.

Eh bien! dans cette hypothèse, si un tiers avait tué Stichus, que pourrait lui demander le maître, qui est en même temps ici le débiteur?

La valeur propre de Stichus, et sa *plus value* dans l'année. La valeur de Stichus est, nous le savons, de *dix*. Mais sa *plus value*, quelle est-elle, et comment la déterminer? c'est là qu'est la difficulté.

Or, le débiteur aurait pu, en donnant Stichus, qui valait moins, se libérer de l'obligation de donner Pamphile, qui valait plus, et il a été privé de cet avantage par le meurtre de Stichus; par conséquent, l'excédent de valeur de Pamphile sur Stichus sera considéré comme formant la plus value de ce dernier.

Pamphile valait *vingt*, Stichus, *dix*; la plus value est donc de *dix* : c'est donc *vingt* que, dans ce cas comme dans le précédent, l'*occisor* étranger devrait payer : et cela, quand même Pamphile serait déjà mort au moment du meurtre de Stichus, pourvu que ce fût *intrà annum*; car, comme nous l'avons vu, pour estimer la plus value, on considère l'année qui a précédé le meurtre. Or, dans cette année, Pamphile vivait, et valait *dix* de plus que Stichus.

A plus forte raison, si, au moment du meurtre de Stichus, Pamphile existait encore, faudrait-il décider de la même manière.

Maintenant supposons que c'est, non pas un étranger, mais le créancier lui-même qui est l'*occisor*. Quel sera le montant de l'indemnité? *Quanti fiet æstimatio?*

Voilà une nouvelle complication de la difficulté; et c'est ici que nous allons rencontrer une différence entre l'*occisor* créancier et l'*occisor* étranger.

En effet, comme *occisor*, le créancier devrait *vingt*, savoir : *dix* pour la valeur propre et intrinsèque de Stichus, et *dix* pour sa plus value dans l'année, résultant de l'excédent de valeur de Pamphile sur Stichus.

Mais le débiteur, qui n'était pas encore en demeure, est libéré, par la mort de Pamphile, de l'obligation de le livrer au créancier; il ne doit plus que ce qui peut lui rester de Stichus, c'est-à-dire ce qu'il pourra obtenir, par l'action de la loi *Aquilia*, contre celui qui a tué cet esclave.

Or, comme c'est le créancier lui-même qui est ici l'*occisor*, évidemment le débiteur, s'il lui demandait, en vertu de la loi Aquilia, la valeur de l'esclave, serait obligé, aussitôt après l'avoir reçue, de la lui rendre : par conséquent il faut en faire abstraction.

« *Minuetur pretium Stichi.* »

Il en serait autrement si Pamphile vivait encore, ou, ce qui reviendrait au même, s'il n'était décédé qu'après la mise en demeure du débiteur; car alors le débiteur ne serait pas libéré de l'obligation de le livrer, ou, au moins, d'en tenir compte au créancier; et, par suite, rien n'empêcherait que le créancier, auquel Pamphile resterait dû, ne fût, comme meurtrier de Stichus, obligé de payer la valeur propre de celui-ci. La confusion, en effet, ne serait pas à craindre alors, puisque le créancier ne serait pas en droit de redemander ce qu'il aurait payé; et alors aussi *pretium Stichi non minueretur;* il n'y aurait plus, par conséquent, de différence, à cet égard, entre le créancier et le non créancier. Il faut donc, pour qu'il y en ait une, supposer, comme le fait le jurisconsulte, que Pamphile lui-même est décédé avant que le débiteur fût en demeure, *sine morâ.*

Mais dans ce cas, et c'est ici la dernière partie de la difficulté, l'*occisor* créancier, dispensé, à la vérité, de payer la valeur propre de Stichus, parce qu'il se la paierait en quelque sorte à lui-même, sera obligé de payer le *quanti pluris fuit,* c'est-à-dire la plus value ou l'excédent de valeur de Pamphile sur Stichus.

Il faut ici, en effet, distinguer entre la valeur propre de Stichus et sa plus value : l'*occisor* créancier n'en devra pas la valeur propre ; mais il en devra la plus value.

Pourquoi ?

Parce que le paiement de cette plus value est exigé *à titre de peine* : or, évidemment, ce caractère disparaîtrait si le créancier, après avoir payé la plus value, pouvait se la faire restituer. Il ne le peut donc pas : par conséquent rien n'empêche qu'il ne soit, comme *occisor* de Stichus, obligé d'en payer la plus value au débiteur ; car, encore une fois, après l'avoir payée comme *occisor*, il ne sera pas en droit de la redemander comme créancier.

Voilà, selon moi, l'explication de la différence qui existe, dans le cas dont il s'agit, entre l'*occisor extraneus* et l'*occisor* créancier. Aussi le jurisconsulte dit-il : On fera abstraction de la valeur propre de Stichus : « *jàm Stichi pretium minuetur* », et il ne s'agira plus que de savoir s'il a eu une plus value (c'est-à-dire si Pamphile valait plus que lui), soit au moment du meurtre, soit même dans l'année qui l'a précédé : *sufficiet fuisse pluris cùm occideretur, vel intrà annum.* D'où il suit que, quand même Stichus aurait été tué après la mort de Pamphile, pourvu que ce soit dans l'année qui l'a suivie, il aura une plus value, qui sera l'excédent de valeur de Pamphile sur lui; or cet excédent est de *dix* : l'*occisor* créancier sera donc obligé de payer au débiteur le montant de cette plus value, c'est-à-dire *dix*; et cela, soit qu'au moment du meurtre de Stichus, Pamphile fût encore vivant, soit qu'il fût déjà mort, mais depuis moins d'un an.

Voilà *mon* interprétation de cette loi. On pourra fort bien, sans doute, ne pas la trouver satisfaisante; mais, fût-elle la meilleure possible, comparez ce qu'il a fallu de temps et de réflexion pour y arriver, avec le degré d'utilité que peut offrir la parfaite intelligence de ce texte, ou de tout autre semblable, et dites-moi s'il y a compensation?

DEUXIÈME EXEMPLE.

———

I.

Voici encore un exemple bien propre à donner une idée du style et de la manière des jurisconsultes romains; je le tire de la loi 1re, § 2, *de Pignoribus et Hypothecis*, ff.

Un débiteur, en hypothéquant un fonds à son créancier, est convenu que les fruits eux-mêmes seraient hypothéqués.

« Cùm prædium pignori daretur, nominatim
« ut fructus quoque pignori essent convenit. »

Le fonds a été vendu.

L'acheteur pourra-t-il être contraint, par l'action *quasiservienne* ou *hypothécaire*, à restituer les fruits?

Papinien décide que l'acheteur ne sera pas tenu de restituer les fruits qu'il aura consommés de bonne foi, et, par argument *à contrario* du moins, qu'il sera tenu de restituer les autres : « Eos con- « sumptos bonâ fide emptor utili Servianâ resti- « tuere non cogetur. »

Pourquoi?

Le texte dit, et c'est un point que ni Pothier ni Cujas n'ont réussi à expliquer : « Pignoris « etenim causam nec usucapione perimi placuit : « quoniam quæstio pignoris *ab intentione do- « minii separatur. Quod in fructibus dissimile est, « qui nunquàm debitoris fuerunt.* »

Voici selon moi le véritable sens de ce passage, évidemment elliptique.

Le droit de gage, ou plutôt d'hypothèque, dif- fère du droit de propriété, tellement qu'il n'est point éteint par l'usucapion elle-même qui, ce- pendant, est destructive du droit de propriété. Par conséquent, il ne faudrait pas conclure de ce que le droit de propriété du débiteur est éteint, que le droit d'hypothèque conféré par lui l'est

aussi. Or, la perception des fruits par l'acheteur en a bien fait *des objets nouveaux* dont le
débiteur n'a jamais été propriétaire; mais l'hypothèque qu'il avait expressément constituée sur
ces fruits, à une époque où ils lui appartenaient
comme adhérens au sol, et en tant qu'il était propriétaire du fonds, n'en subsiste pas moins malgré leur séparation du sol; car le droit d'hypothèque ne s'éteint point, comme le droit de
propriété, par l'usucapion ni par la perception
des fruits; il est inhérent à la chose et l'affecte
tant qu'elle subsiste; par conséquent l'acheteur
sera tenu de restituer au créancier hypothécaire
les fruits qui existeront encore. Il ne pourra retenir que ceux qu'il aura consommés de bonne foi.

Mais il en serait autrement des fruits qui n'ont
jamais été la propriété du débiteur, c'est-à-dire
qui n'ont commencé à exister que lorsque le
fonds avait déjà cessé de lui appartenir. Quant à
ceux-là, comme le débiteur n'a jamais eu aucun
droit sur eux, qu'ils n'ont jamais été *in bonis ejus*
à aucun titre, il n'a pas pu, évidemment, les
grever d'une hypothèque. Ce n'est donc qu'au-

tant qu'ils feraient encore partie du fonds lui-même, que le créancier qui a hypothèque sur le fonds pourrait avoir des droits sur ces fruits. Du moment qu'ils en sont détachés, ils échappent à l'action du créancier, auquel ils n'ont pas pu être affectés, puisque le débiteur qui a consenti l'hypothèque n'a jamais eu aucun droit de propriété sur ces fruits, même comme faisant partie du sol.

Telle est la décision de Papinien.

Aussi la loi 29, § 1er, *in fine,* décide-t-elle que les enfans d'une esclave hypothéquée sont eux-mêmes hypothéqués, et servent, aussi bien que leur mère, de gage au créancier :

« Si mancipia in causam pignoris ceciderunt,
« ea quoque quæ ex his nata sunt eodem jure
« habenda sunt. »

Mais pour cela il faut qu'ils aient appartenu à celui qui a consenti l'hypothèque, ou à son héritier :

« Quod tamen diximus etiam adgnata teneri,
« sive specialiter de his convenerit, sive non, itâ

« procedit si dominium eorum ad eum pervenit
« qui obligavit, vel heredem ejus. »

S'ils ont été conçus *apud alium dominum*, c'est-
à-dire depuis que la mère a cessé d'appartenir au
débiteur, l'hypothèque ne les atteindra pas :

« Cæterùm, si apud alium dominum pepe-
« rerint, non erunt obligata. »

Le débiteur, en effet, n'ayant jamais eu aucun
droit de propriété sur eux, ne les ayant jamais
eus *in bonis,* n'a pu les grever d'un droit d'hypothèque : c'est la même décision que pour les
fruits.

Mais la loi 1re, relative aux fruits, suppose
qu'ils ont été grevés d'hypothèque par une convention spéciale, *nominatìm,* tandis que la loi 29,
relative au part (à l'enfant de l'esclave), ne suppose
point qu'il y ait eu de convention spéciale à son
égard, et regarde même comme indifférent qu'il y
en ait eu ou non. D'où il paraît résulter que l'enfant serait affecté de l'hypothèque tacitement,
par cela seul que la mère elle-même se trouverait
hypothéquée. Or, nous venons de voir qu'il en

est autrement pour les fruits. Mais il est évident qu'en l'absence d'une convention spéciale, ni l'enfant de l'esclave, ni les fruits du fonds, ne peuvent être hypothéqués, si ce n'est comme simple accessoire et comme partie en quelque sorte, l'un de la mère, les autres du fonds ; que, par conséquent, dès qu'ils n'en font plus partie, qu'ils existent comme objets distincts et séparés, le créancier, auquel on n'a hypothéqué que la mère ou le fonds, n'a plus aucun droit sur l'enfant ou sur les fruits.

Aussi la loi 29, qui n'exige pas de convention spéciale sur le part, raisonne-t-elle dans l'hypothèse d'une convention générale d'hypothèque, comme le prouve évidemment le *principium* de cette loi :

« Paulus respondit *generalem* quidem con-
« ventionem sufficere ad obligationem pigno-
« rum...... »

Et les termes du § 1 lui-même en sont aussi la preuve :

« Si mancipia *in causam pignoris* ceciderunt... »

5.

On conçoit en effet, dans ce cas, que le créancier, sans qu'il soit besoin d'une convention spéciale, ait hypothèque sur les fruits du fonds et sur le part de l'esclave; car les fruits, comme le fonds lui-même, et le part, comme la mère elle-même, sont compris dans cette affectation générale, qui s'étend à tout ce qui est *in bonis debitoris*.

———

Je viens d'expliquer la loi 1re en admettant que le fonds avait été vendu par le débiteur lui-même, comme le texte semble l'indiquer : car il parle d'un *acheteur* et non pas d'un *possesseur*. On peut aussi, si l'on veut, supposer que le fonds a été vendu, non plus par le débiteur lui-même, mais par un tiers qui, n'en étant pas propriétaire, n'a pas pu transférer par la tradition la propriété à l'acheteur, et l'a mis seulement par là en position de l'acquérir par usucapion, *in causâ usucapiendi*.

L'acheteur, on peut le supposer, a usucapé les fruits, et ensuite le fonds. L'usucapion du fonds n'empêche pas le créancier de conserver intacte son hypothèque ; car l'acheteur n'acquiert la propriété par usucapion, qu'avec la charge de l'hypothèque et des autres droits dont le fonds pourrait être grevé ; *cum omni suâ causâ.*

Quant aux fruits, il faut distinguer : S'ils existent encore, le créancier pourra les réclamer ; car l'usucapion, bien qu'elle ait complètement effacé le droit du débiteur qui les avait expressément hypothéqués, n'en a pas moins laissé subsister l'hypothèque dont ils étaient grevés au profit du créancier : *pignoris enim causam nec usucapione perimi placuit.* Mais le possesseur, s'il a consommé les fruits de bonne foi, n'en devra plus aucun compte.

Quant aux fruits qui n'auraient commencé à exister, *sata fuerint,* qu'après que l'acheteur était déjà devenu propriétaire du fonds lui-même par usucapion, il est évident que le débiteur n'a pu conférer aucun droit d'hypothèque sur ces fruits, qui ne lui ont jamais appartenu ; et, par conséquent, le créancier n'aura aucun droit sur eux, quand même ils existeraient encore. Il y aura donc une différence entre ces fruits et ceux qui auraient pris naissance avant que le débiteur eût cessé d'être propriétaire du fonds. C'est ainsi qu'on pourrait expliquer, dans cette hypothèse, les mots : *quod dissimile est in fructibus qui nunquàm debitoris fuerunt.* »

Ainsi ce passage peut s'expliquer dans l'hypothèse d'une vente faite par le débiteur lui-même, comme dans celle d'une vente faite par un tiers; mais je crois la première hypothèse préférable, et je m'en tiens à ma première explication. J'ai dû toutefois présenter l'une et l'autre pour démontrer de plus en plus combien il est difficile d'avoir la certitude qu'on a pénétré le sens véritable des textes, et deviné la pensée cachée des jurisconsultes romains.

II.

Il y a encore ici deux lois que je puis d'autant moins passer sous silence, qu'elles ont été fort peu comprises, et qu'elles ne sont pas étrangères à une matière importante de notre droit.

Ce sont les lois 11 *de Pignoribus*, et 33 *de pigneratitiâ actione*, ff.

La loi 11, §1er, ne reconnaît au créancier anti-chrésiste d'autre droit que celui de retenir, jusqu'à son entier et parfait paiement, le fonds dont il a été mis en possession, et d'en percevoir dans l'intervalle les fruits, par imputation sur sa créance. Elle lui refuse, par cela même, le droit de revendiquer le fonds, ou, pour mieux dire, d'intenter l'action quasiservienne ou hypothécaire, dans le cas où il viendrait à en perdre la possession.

« Si ἀντίχρησις facta sit, et in fundum, aut
« in ædes aliquis inducatur, eousque retinet pos-
« sessionem, pignoris loco, donec illi pecunia sol-
« vatur, cùm in usuras fructus percipiat, aut lo-
« cando, aut ipse percipiendo, habitandoque. »

C'est à cela que se bornent les droits de l'anti-chrésiste.

Et cependant, la loi 33, *de pigneratitiâ actione*, reconnaît que l'antichrèse est *un gage*, si bien qu'elle autorise le débiteur qui a payé à agir par l'action de *gage*, *pigneratitiâ actione*, pour se faire rendre le fonds donné par lui à antichrèse.

« Si pecuniam debitor solverit, potest pigne-
« ratitiâ actione uti ad recuperandam ἀντίχρησιν :
« nam, cùm pignus sit, hoc verbo poterit uti. »

Or, si l'antichrèse est un *gage*, et le texte le déclare formellement, *cùm pignus sit*, pourquoi ne produirait-elle pas, en faveur du créancier gagiste, l'action quasiservienne ou hypothécaire, puisque, d'après le § 7, aux Institutes, *de Actionibus*, que je vais citer textuellement, il n'y a, en ce qui concerne l'action servienne ou hypothécaire, aucune différence entre le gage et l'hypothèque ? « Inter pignus autem et hypothe-
« cam (quantùm ad actionem hypothecariam at-
« tinet) nihil interest. »

Mais, à cet égard, il faut distinguer :

L'action *pigneratitia* que la loi 33 accorde au débiteur qui a payé la dette pour se faire rendre la chose, est l'action *personnelle* et *civile* qui dérive naturellement du contrat de gage; elle n'a rien de commun avec l'action *hypothécaire*, action réelle et prétorienne, appelée aussi *pigneratitia*; mais qui, étant prétorienne, ne peut pas dériver d'un contrat purement civil, comme le gage.

Il est vrai que cette action est accordée au créancier gagiste lui-même.

Mais pourquoi?

Parce que la convention d'hypothèque, convention prétorienne, seule source de cette action, se trouve implicitement dans le contrat de gage; ce contrat implique, en effet, comme la convention d'hypothèque elle-même, une affectation de la chose au créancier pour se faire payer par préférence sur le prix. Sous ce rapport donc, le contrat de gage renferme véritablement une hypothèque : il exige de plus, il est vrai, la tradition; mais cette condition, indispensable seulement pour l'existence du contrat de gage, n'empêche pas que la convention d'hypothèque ne soit contenue dans ce contrat, comme *le moins* l'est dans *le plus*. Aussi est-ce en vertu de cette convention, et d'elle seule, que le préteur accorde au créancier gagiste l'action hypothécaire.

Or l'antichrèse, bien qu'elle soit une espèce de gage, ne renferme pourtant point, en elle-même, *la convention d'hypothèque;* si, en vertu de l'anti-chrèse, le créancier acquiert un droit sur la chose, c'est simplement pour la retenir et en percevoir les fruits en déduction de sa créance, et non point, comme en vertu de l'hypothèque, pour se faire payer par préférence sur le prix. Par conséquent il n'est pas possible d'accorder au créancier antichrésiste l'action quasiservienne ou hypothécaire, et les mots du §7, aux Instituts, *de Actionibus,* qui semblent supposer le contraire, ne peuvent s'entendre que du *gage proprement dit,* et non pas de l'*antichrèse.*

TROISIÈME EXEMPLE.

I.

Que serait-ce si nous entrions ici dans l'examen détaillé des questions si abstraites et si compli-quées qui s'élèvent, soit en matière d'obligations, soit en matière de legs, sur le sens et la portée des mots *dies cedit* et *dies venit*, que, pour le dire en passant, un étudiant, subissant son examen, traduisait un jour, fort élégamment, par *le lever et le coucher du soleil*, sans doute par réminiscence du fameux : *Te, veniente die, te, decedente, canebat*, de Virgile.

Quoi qu'il en soit, ces mots ne se prennent pas, en matière d'obligations, dans le même sens qu'en matière de legs.

En matière d'obligations, *dies cedit* signifie tout simplement que la dette existe; *dies venit*, qu'elle est exigible.

« *Cedere* diem significat incipere deberi pecu- « niam; *venire* diem significat eum diem venisse « quò pecunia peti possit. » *De verborum signif.* (L. 213. ff.)

En matière de legs, au contraire, *dies cedit* signifie, non pas que la dette existe, mais que le droit est ouvert, éventuellement du moins; qu'il est transmissible aux héritiers du légataire, ou à ceux qui l'ont sous leur puissance, s'il est fils de famille ou esclave (1).

Ainsi le droit au legs est transmissible, en général, à partir de la mort du testateur, *dies cedit à die mortis;* mais le legs n'est pas dû avant

(1) Quand le legs est fait à un individu *sui juris*, les mots *dies cedit* signifient que le legs, à partir de cette époque, est *transmissible;* de sorte que, si le légataire lui-même ne peut en profiter, s'il vient à mourir, ses héritiers en profitent. La transmissibilité est produite par la *cessio dici;* la transmission s'opère par le décès du légataire.

Quand il s'agit d'un legs fait à un individu *alieni juris*, *dies cedit* signifie 1º que le droit, avec son éventualité, est transmis à celui dont le légataire dépend, sous la puissance duquel il se trouve; car le légataire lui-même ne peut pas en profiter; 2º qu'il est *transmissible* aux héritiers du maître, de sorte que le droit au legs est immédiatement dévolu au maître au moment de la *cessio dici;* la transmissibilité a lieu, dès-lors, au profit de ses héritiers, et c'est par son décès que la transmission s'opère en leur faveur. L'idée comprise dans les mots *dies cedit* n'a donc pas tout-à-fait la même application lorsqu'il s'agit d'un legs fait à une personne *alieni juris*, que lorsqu'il s'agit d'un legs fait à une personne *sui juris*.

l'adition. Le légataire ne devient créancier ou propriétaire de la chose léguée qu'au moment de l'adition ; jusque-là, il n'a aucun droit aux fruits qu'elle a produits.

« Quod servus legatus antè aditam heredita-
« tem adquisivit hereditati adquirit. » (L. 38
de *Legatis*, 2°. ff.)

C'était donc dans l'intérêt, non pas du léga-
taire lui-même, qui ne pouvait jamais entrer en jouissance avant l'adition d'hérédité, mais de ses héritiers, ou de ceux qui l'avaient sous leur puis-
sance, lorsqu'il était fils de famille ou esclave, et afin qu'ils profitassent plus sûrement du legs, qu'on avait voulu que le droit fût transmissible avant l'adition d'hérédité, *à morte testatoris*.

Il faut ajouter qu'autrement l'héritier aurait eu intérêt à différer de faire adition, car, dans l'in-
tervalle, le légataire aurait pu mourir ou devenir incapable, et alors le legs se serait trouvé éteint. Il fallait donc déjouer cette combinaison, et c'est à quoi on a pourvu en fixant l'ouverture du legs

à l'époque de la mort du testateur; car, le legs étant transmissible à partir de cette époque, l'héritier, qui ne peut plus espérer de s'en affranchir en différant l'adition, n'a plus d'intérêt à traîner en longueur.

Conséquemment, si le testateur a légué une chose à un de ses amis, le legs sera transmissible à partir de la mort du testateur, *dies cedet à morte testatoris;* autrement, si le légataire venait à décéder avant d'avoir fait adition, le legs serait éteint, et perdu tant pour lui que pour ses héritiers; tandis que, pour peu que le légataire survive au testateur, le legs étant ouvert *à morte testatoris,* les héritiers du légataire en profiteront.

Pareillement, si le testateur a fait un legs à l'esclave d'un de ses amis, ce legs sera ouvert, *dies cedet,* à partir de la mort du testateur, *à morte testatoris :* sans quoi, si l'esclave mourait avant l'adition, le legs serait éteint; s'il était affranchi ou aliéné, le legs serait perdu pour celui qui l'aurait affranchi ou aliéné; tandis que, le legs s'ouvrant au moment de la mort du testateur, quand bien même l'esclave décèderait, qu'il serait vendu ou affranchi postérieurement, ce ne serait toujours que depuis la *cessio diei;* et le legs n'en appartiendrait pas moins au maître sous la puissance duquel l'esclave se serait trouvé au moment de la *cessio diei,* c'est-à-dire au moment du décès du testateur. Il en serait alors comme si un esclave avait stipulé sous condition; auquel cas, quand bien même, depuis la stipulation et avant l'accomplissement de la condition, il aurait été aliéné ou affranchi, ou qu'il serait décédé, le bénéfice de la stipulation, une fois la condition accomplie, n'en reviendrait pas moins au maître à qui l'esclave appartenait au moment de la stipulation.

Mais quand le legs n'est pas de nature à pouvoir se transmettre, comme un legs d'usufruit, par exemple, il ne s'ouvre pas avant l'adition d'hérédité. Il n'y a plus, en effet, de raison pour qu'il s'ouvre auparavant.

« Dies autem usûsfructûs, item usûs, non
« priùs cedet, quàm hereditas adeatur : tunc

« enim constituitur ususfructus cùm quis jam
« frui potest. » (§ 2. *Quandò dies ususfruc-*
tûs. ff.)

Si donc le testateur avait légué à l'un de ses amis
l'usufruit d'un fonds de terre ou d'une maison,
comme le droit à ce legs n'est pas transmissible,
qu'il est inhérent à la personne même du légataire, il ne serait ouvert qu'à partir de l'adition.

Cependant, si un semblable legs était fait à une
personne *alieni juris*, par exemple à un esclave,
comme le droit serait *transmissible* au maître, que
ce serait le maître qui l'acquerrait par son esclave, il aurait fallu décider, ce me semble, pour
être conséquent, que le *dies* de ce legs *cedit* au moment du décès du testateur, et non pas seulement
au moment de l'*adition ;* car c'est le seul moyen
d'empêcher que le maître n'en soit privé par l'aliénation de son esclave effectuée avant l'adition, et
aussi, que l'héritier, pour profiter des causes
d'extinction du legs qui pourraient survenir dans
l'intervalle, telles que la mort de l'esclave, ne

tarde, pendant un temps plus ou moins long, à faire adition; or ce sont là précisément les raisons qui ont empêché de reculer la *cessio diei* jusqu'à l'adition (1).

(1) On peut répondre, cependant, qu'il y a cette différence entre le legs de l'*usufruit* et le legs de la *chose,* que le legs de l'usufruit, reposant sur la tête de l'esclave, s'éteint toujours par sa mort, qu'elle survienne avant ou après la *cessio diei,* de sorte que le legs, quand bien même il s'ouvrirait avant l'adition, n'en serait pas moins éteint par la mort de l'esclave, survenue soit avant, soit même depuis.

D'un autre côté, le legs de l'usufruit s'éteint par la mort de l'usufruitier; il n'est pas transmissible à ses héritiers : de sorte qu'en fixant l'ouverture de ce legs à l'époque du décès du testateur, on ne le sauverait pas de la chance d'être éteint par la mort de l'esclave; et, au contraire, on le soumettrait peut-être à la chance d'être éteint, même avant l'adition, par la mort du maître; car, une fois ouvert au profit du maître, il ne pourrait pas passer à ses héritiers. Tandis que la *cessio diei* étant reculée jusqu'à l'adition, si le maître meurt avant cette époque, le legs s'ouvrira au profit de ses héritiers; car ils se trouveront alors les maîtres de l'esclave, et ils en profiteront.

Enfin on peut ajouter que l'héritier, s'il tardait à faire adition, serait exposé à voir le legs de l'usufruit s'ouvrir par

Quoi qu'il en soit, si l'héritier, pour priver le légataire de la jouissance, différait à dessein de faire adition, le légataire aurait une action en indemnité contre lui, et pourrait se faire tenir

la mort du maître, survenant avant l'adition, au profit des successeurs de celui-ci, probablement plus jeune que leur auteur : et, par cela même, l'entrée en jouissance de l'héritier, nu-propriétaire, serait reculée d'autant.

Il paraît que, sur ce point, les sabiniens et les proculéiens étaient divisés d'opinion ; que, suivant les uns, le legs d'usufruit fait à l'esclave reposait sur sa tête, et que, suivant les autres, il reposait *exclusivement* sur celle du maître. Justinien, sanctionnant cette dernière opinion, décida que la mort de l'esclave n'empêcherait pas le père ou le maître de conserver l'usufruit.

Voici le texte où se trouve cette décision. C'est la loi 17, au Code *de usufructu et habitatione.*

« Ex liberis sabinianis quæstio nobis relata est, per
« quam dubitabatur : Si ususfructus per servum acquisitus,
« vel per filiumfamilias, capitis diminutione filii magnâ,
« vel mediâ, vel morte, vel emancipatione, vel servi quâ-
« cunque alienatione, vel morte, vel manumissione, possit ad-
« hùc remanere? Et ideò sancimus, in hujusmodi casibus, ne-
« que si servus vel filiusfamilias in præfatos casus inciderit,
« interrumpi patri vel domino usumfructum qui per eos

compte de toute la portion de jouissance dont il
aurait été privé par ce retard calculé.

« Si ususfructus legatus est, sed heres scrip-
« tus ob hoc tardiùs adit, ut tardiùs ad legatum
« perveniretur, hoc quoque præstabitur, ut Sa-
« bino placuit. » (L. 35, *de Usufructu.* ff.)

D'après ce que nous avons dit, il est clair que,
si le testateur a fait un legs à son propre
esclave, en l'affranchissant par testament, ce
legs s'ouvrira seulement à partir de l'adition.
Quelle raison, en effet, y aurait-il pour qu'il s'ou-
vrît avant? L'esclave lui-même ne l'acquerra
jamais qu'à l'époque de l'adition, et, jusque-là,
à qui donc pourrait-il le transmettre? A ses héritiers? Il n'en a pas encore, il ne saurait en

« acquisitus est, sed manere intactum. Neque si pater
« magnam capitis diminutionem vel mediam passus fue-
« rit, vel morte ab hâc luce fuerit exemptus, usumfructum
« perire ; sed apud filium remanere, etiamsi heres à patre
« non relinquetur. Usumfructum enim per eum acquisi-
« tum apud eum remanere etiam post patris calamitatem
« oportet : cùm plerùmque verisimile sit testatorem con-
« templatione magis filii quàm patris usumfructum ei re-
« liquisse. » (L. 17, *de Usufructu et Habitatione,* Cod)

6.

avoir, car il est esclave, et ne cessera de l'être qu'au moment de l'adition. Ce serait donc à l'hérédité que le legs serait acquis, et à elle seule : car l'esclave légataire lui appartient encore, et lui appartiendra jusqu'au moment de l'adition. Fixer l'ouverture du legs à une époque antérieure, ce serait donc en priver, tout à la fois, et les héritiers futurs du légataire, et le légataire lui-même, pour en gratifier l'hérédité.

Or, comme c'est l'hérédité qui doit acquitter le legs, ce serait pour ainsi dire le faire revenir à sa source, le faire remonter à son auteur. En effet, jusqu'à l'adition, l'hérédité représente le défunt, *vicem defuncti sustinet;* le testateur se trouverait donc en quelque sorte, par là, s'être fait un legs à lui-même; c'est-à-dire que sa disposition, dépourvue de toute efficacité, se réduirait à un non sens. En faisant un legs à son esclave et en l'affranchissant, il a voulu nécessairement l'en faire profiter; et c'est ce qui ne pourrait pas arriver si la *cessio diei* commençait avant l'adition : par conséquent, elle sera forcément reculée jusque-là.

Enfin, si le testateur en léguant un de ses esclaves à un tiers a fait un legs à cet esclave lui-
même, quel sera le moment de la *cessio diei*, soit
pour le legs de l'esclave, soit pour le legs fait à
l'esclave?

Le légataire de l'esclave (bien que Pothier, qui
s'est mépris sur ce point, professe une opinion
contraire) n'en deviendra propriétaire qu'au moment de l'adition; mais le *dies* de son legs *cedet*,
c'est-à-dire que la transmissibilité existera, au moment même du décès. A partir donc de ce moment,
son droit éventuel à la propriété de l'esclave qui lui
est légué sera transmissible à ses héritiers; mais
jusqu'à l'adition l'esclave appartiendra à l'hérédité; c'est pour elle, et pour elle seule, qu'il
acquerra. Ce serait donc à l'hérédité que l'esclave transmettrait le legs à lui fait, si le droit
s'ouvrait avant l'adition; or nous avons vu tout
ce qu'il y avait là de déraisonnable et d'inadmis-
sible; la *cessio diei* du legs fait à l'esclave, légué lui-même, sera donc reculée jusqu'à l'adition; c'est alors, mais seulement alors, que
la propriété de l'esclave passera au légataire,

sans avoir jamais reposé, même un instant de raison, sur la tête de l'héritier; elle lui passera directement et immédiatement, en un mot *rectâ viâ*, comme le dit un texte, et alors aussi le légataire, devenu propriétaire de l'esclave, profitera du legs fait à ce dernier, legs dont le *dies* ne *cedit* qu'à l'adition.

« Interdùm aditio heredis legatis moram facit:
« ut putà si forté, servo manumisso, vel ei cui
« servus legatus est, et ideò servo, aliquid legatum
« sit : nam servo legati relicti antè aditam heredi-
« tatem dies non cedit. » (L. 7, § 6, *quandò dies legat. vel fid. cess.* ff.)

Ainsi, en résumé, quand le legs est fait à l'esclave lui-même, l'ouverture en est reculée jusqu'à l'adition, afin que le legs profite, soit à l'esclave lui-même, s'il est affranchi, soit au légataire de l'esclave, s'il a été légué à un tiers.

II.

Mais voici des cas plus embarrassans , ou au moins plus compliqués.

Si le legs est fait à un esclave dont le maître est lui-même institué héritier, que décider ?

De deux choses l'une : ou le maître ne fera pas adition, et alors le testament restera sans effet, il croulera, et il n'y aura plus de legs. Ou il fera adition, et alors le droit au legs étant ouvert à son profit du jour du décès, ce legs sera nécessairement éteint par confusion. Si l'ouverture en était reculée jusqu'à l'époque de l'adition, il pourrait se faire qu'à ce moment l'esclave ne se trouvât plus sous la puissance de l'institué, et que, par suite, le legs pût produire son effet. Sans doute ; mais il demeurerait alors à la charge du maître qui est l'institué ; or comme tel, le maître a intérêt à ce que le legs soit éteint, et non pas à ce qu'il subsiste.

Il y a plus : on fera rétroagir fictivement l'ouverture du legs à l'époque même de la confection du testament ; par suite, le legs sera nul quand bien même, *au moment du décès,* l'esclave légataire ne se trouverait plus sous la puissance de l'institué, s'il s'y trouvait au moment de la confection du testament ; c'est la conséquence d'une règle connue sous le nom de Catonienne, d'après laquelle ce qui aurait été sans effet si le testateur était mort aussitôt après avoir fait son testament ne pouvait pas valoir parce qu'il avait vécu plus ou moins long-temps depuis.

« Quod inutile foret legatum, si statìm post
« factum testamentum decesserit testator, hoc
« non debet ideò valere, quià diutiùs testator
« vixerit. » (Inst. *de legatis*, § 32.)

Cette règle ne semble faite que pour les legs, et il est bien douteux qu'elle s'appliquât aux institutions d'héritier ; elle avait peut-être été introduite dans la vue d'intéresser les héritiers à faire adition, en annulant une partie des legs dont ils étaient grevés. C'est encore afin de les intéresser à l'adition que, plus tard, par une faveur

plus grande, on leur accorda un droit de réten-
tion sur les legs, et ensuite sur les fideicom-
mis. Quoi qu'il en soit, cette règle, dont aucun
auteur n'a pu assigner le motif, ne s'appliquait pas aux dispositions conditionnelles; de
sorte que, si le legs fait à l'esclave dont le maître
était institué eût été conditionnel, il se serait
trouvé utile ou non, éteint ou non par confusion,
suivant qu'au moment de la *cessio diei,* c'est-à-
dire au moment de l'accomplissement de la condition, l'esclave se serait, ou non, trouvé sous
la puissance de l'institué.

« An servo heredis rectè legemus quæritur?
« et constat purè inutiliter legari, nec quicquam
« proficere si, vivo testatore, de potestate heredis
« exierit; quià quod inutile foret legatum si sta-
« tìm post factum testamentum decesserit tes-
« tator, hoc non debet ideò valere quià diu-
« tiùs testator vixerit. Sub conditione verò rectè
« legatur servo, ut requiramus an, quò tempore
« dies legati cedit, in potestate heredis non sit. »
(Inst. *de legatis,* § 32.)

En sens inverse, supposons que le legs est fait

au maître, et que l'esclave est institué héritier :
que décider?

Ou l'esclave institué sera encore, au moment
de l'adition, sous la puissance du maître légataire, et alors le legs et l'hérédité se confondront
dans la personne du maître ; car l'esclave ne peut
acquérir l'hérédité que pour son maître. Ou l'esclave ne sera plus, au moment de l'adition, sous
la puissance du maître légataire, et alors le maître
perdra l'hérédité ; mais la confusion n'étant plus
possible, le legs lui restera (1).

Et ici, à la différence du cas précédent, la règle

______

(1) Et, dans ce cas encore, il vaut mieux pour lui, ou
plutôt pour ses héritiers, que le legs s'ouvre *à die mortis*
que *à die aditionis ;* car s'il ne s'ouvrait qu'à partir de cette
dernière époque, et que le maître légataire vînt à mourir
avant, le legs serait perdu pour lui et pour ses héritiers ;
tandis qu'il le leur transmettra s'il survit au testateur. La
cessio diei du legs faite au maître commencera donc du jour
du décès du testateur, *à die mortis ;* le legs sera sans
effet si au moment de l'adition l'esclave institué se trouve
sous la puissance du maître légataire ou de ses héritiers ; il
sera efficace si l'esclave est sous une autre puissance.

catonienne ne peut atteindre le legs; car, en supposant le testateur mort au moment même de la confection de son testament, il n'en résulterait pas que le legs et l'hérédité seraient confondus. On conçoit en effet que, quand l'esclave est légataire, et le maître institué, le maître, une fois saisi du legs par son esclave, ne peut qu'annuler le testament en ne faisant pas adition, ou, en faisant adition, réunir dans ses mains tout à la fois l'hérédité et le legs. Par conséquent, la confusion étant inévitable, le legs est forcément sans effet, et il suffit même, pour cela, d'après la règle catonienne, comme nous l'avons vu, que l'esclave légataire se soit trouvé sous la puissance de l'institué, au moment de la confection du testament.

Ici, au contraire, le maître étant légataire et l'esclave institué, bien que le droit au legs soit acquis au maître légataire à partir du décès, et que même, d'après la règle catonienne, on remonte, pour apprécier la validité du legs, jusqu'à la confection du testament, il est encore incertain, quoiqu'à ce moment l'esclave institué soit sous la puissance du légataire, si l'hérédité arrivera jamais à ce dernier : car l'esclave peut sortir de sa puissance avant l'adition, et, par suite, acquérir l'hérédité, soit pour lui-même, s'il est affranchi, soit pour un tiers, s'il est aliéné. Par conséquent, tout est en suspens jusqu'au moment de l'adition, et ce n'est qu'alors qu'on pourra savoir si le legs sera utile ou non.

« Ex diverso, herede instituto servo, quin
« domino rectè etiam sine conditione legetur
« non dubitatur. Nam etsi statim post factum tes-
« tamentum decesserit testator, non tamen apud
« eum qui heres sit dies legati cedere intelligi-
« tur, cùm hereditas à legato separata sit; et
« possit per eum servum alius heres effici, si
« priùs quàm jussu domini adeat, in alterius po-
« testatem translatus sit, vel manumissus ipse
« heres efficitur : quibus casibus utile est lega-
« tum. Quod si in eâdem causâ permanserit, et
« jussu legatarii adierit, evanescit legatum. »
(Inst. *de legatis,* § 33.)

III.

Jusqu'à présent nous avons supposé que le legs était pur et simple, et non *conditionnel.*

Quand le legs est conditionnel, le *dies cedit*, non pas *à die mortis,* ni à *die aditionis,* mais seulement *ab eventu conditionis,* et pas avant; de sorte que, si le légataire meurt avant l'événement de la condition, il ne transmet rien à ses héritiers.

D'après cela qu'arriverait-il si, comme le suppose la loi 14, *quandò dies legator.,* ff. le testateur avait légué un *usufruit,* ou *dix,* au choix du légataire?

Un legs d'usufruit étant tout personnel, ne s'ouvre qu'à l'adition d'hérédité. Un legs d'une somme d'argent, au contraire, s'ouvre, au moins quand il est pur et simple, au moment du décès.

Eh bien! dans l'espèce, si le légataire est mort avant l'adition d'hérédité, aura-t-il transmis quelque chose à ses héritiers?

Évidemment, il n'a pu leur transmettre l'usufruit, qui est, de sa nature, intransmissible, et qu'il n'aurait lui-même pu acquérir qu'autant qu'il aurait survécu à l'adition.

Mais leur aura-t-il transmis les *dix?* C'est là qu'est la question.

On peut dire que la disposition des *dix* est, comme celle de l'usufruit, subordonnée à la condition que le légataire choisira l'un ou l'autre, *utrùm elegerit,* et que le légataire étant mort sans avoir fait de choix, n'a rien transmis ni pu transmettre à ses héritiers, parce qu'il est mort avant l'accomplissement de la condition.

Voilà la raison de douter.

Mais la raison de décider, c'est que la disposition relative à l'usufruit ne pouvant plus avoir d'effet à cause du décès du légataire, le legs des *dix* devient, dès ce moment, pur et simple, et dès lors, comme tel, il est transmissible, et la transmission s'opère par la mort du légataire; ou bien encore, pour reproduire le raisonnement

plus subtil du texte, on peut dire que le legs des
dix est fait sous la condition que le légataire ne
choisira pas l'usufruit ; or, puisque le légataire
est décédé avant l'adition (époque à laquelle
seule la disposition d'usufruit pourrait produire
effet), il est bien certain qu'il n'a choisi ni pu
choisir l'usufruit, et qu'il ne le choisira pas. La
condition est donc défaillie. Dès lors, le legs de
dix reste pur et simple.

Il en est à peu près de ce cas comme de celui
où le testateur aurait enjoint à son héritier de
donner à Seja, par exemple, soit *dix*, soit, si
elle venait à avoir un enfant, *tel fonds*, et où
Seja serait décédée sans enfans. Le legs de *dix*
deviendrait, dès ce moment, *pur et simple*, et serait transmissible aux héritiers de la légataire.

Ainsi donc, dans le legs de *dix* ou d'un usufruit, il faut considérer deux époques, celle du
décès, et celle de l'adition ; celle du décès, pour
les *dix*, et celle de l'adition, pour l'usufruit. Ce
n'est qu'après l'adition que le légataire peut op-
ter pour l'un ou pour l'autre : s'il meurt avant

le testateur, il ne transmet rien à ses héritiers ; s'il meurt après le testateur, mais avant l'adition, il transmet les *dix*.

Voici le texte : il est d'Ulpien.

« **Si ususfructus aut decem, utrùm legatarius**
« **voluerit, sint legata : utrùmque spectandum,**
« **et mortem testatoris, et aditionem hereditatis?**
« **mortem, propter decem ; aditionem, propter**
« **usumfructum. Quamvis enim electio sit lega-**
« **tarii, tamen nondùm electioni locus esse potest :**
« **cùm proponatur aut nondùm testatorem deces-**
« **sisse, aut, eo mortuo, hereditas nondùm adita.**

« **Indè quærit Julianus, si post mortem testa-**
« **toris legatarius decedat, an ad heredem trans-**
« **fertur decem legatum ; et libro trigesimo sep-**
« **timo Digestorum scribit posse diei decem**
« **transtulisse : quia mortuo legatario dies legati**
« **cedit. Argumentum Julianus, pro sententiâ**
« **suâ, adfert tale :** *Seiæ decem, aut, si peperit, fun-*
« *dum heres meus dato.* **Nam si antequàm pariat,**
« **inquit, decesserit, ad heredem suum decem**
« **transmittet. »** (L. 14, Pr. et § 1, *quandò dies*
legatorum, ff.)

Le texte, comme on voit, ne s'explique pas sur un 3ᵉ cas : celui où le légataire serait mort après l'adition, sans avoir encore choisi. Il pourrait sembler que, transmettant les *dix* à ses héritiers lorsqu'il meurt avant l'adition, il doit, à plus forte raison, les leur transmettre lorsqu'il meurt après. Mais ce serait, je crois, une erreur; car, dans ce dernier cas, les deux dispositions se sont réalisées; le légataire a eu la faculté de choisir; et, puisqu'il est mort sans avoir choisi, il n'a pas rempli la condition qui lui était imposée; dès lors, il n'a rien transmis.

Telle est l'exposition de la matière du *dies venit* et du *dies cedit*, dont j'ai laborieusement recueilli les élémens. Me plaçant ici dans le rôle d'interprète scrupuleux, je me suis appliqué à coordonner et à débrouiller des textes dispersés et incomplets, et j'ai présenté un système qui laisse sans doute plus ou moins à désirer encore. Mais qu'on me tienne compte, cependant, de la minutieuse patience avec laquelle j'ai recherché les décisions éparses, posé les principes, indiqué les conséquences, et signalé les exceptions. Que le lecteur juge, par la difficulté même qu'il aura peut-être éprouvée à saisir ces explications, de tout ce qu'il lui aurait fallu de temps et d'efforts, s'il eût été contraint, non plus de suivre des raisonnemens tout faits, un ordre d'idées tout tracé, mais de se frayer lui-même une route dans ce labyrinthe. Qu'il juge, en outre, combien peu lui aurait été profitable une aussi pénible étude!

QUATRIÈME EXEMPLE.

C'était à Rome, où l'on tenait beaucoup à ne pas mourir *intestat,* un usage introduit par les mœurs, *moribus institutum :* le père de famille, en faisant son testament, faisait aussi celui de ses enfans impubères que sa mort rendrait *sui juris,* et qui viendraient à mourir avant l'âge où ils pourraient exercer eux-mêmes le droit de tester, c'est-à-dire avant l'âge de puberté, qui était fixé, comme on sait, à 12 ans pour les femmes, et à 14 ans pour les hommes. C'est là ce qu'on appelait la *substitution pupillaire*.

Il y avait une autre espèce de substitution dite *vulgaire*, par laquelle le testateur appelait simplement une personne à son hérédité au défaut d'une autre. C'était une institution conditionnelle, qui se réalisait par le refus ou l'incapacité du premier institué.

« Potest autem quis in testamento suo plures
« gradus heredum facere : ut putà, *si ille heres*
« *non erit, ille heres esto*, et deinceps, in quantum
« velit testator.... »(Inst. *de vulg. Substit.* princip.)

On peut réunir l'une et l'autre substitution dans le même testament. Le père, après avoir institué son fils, peut, et dans la prévoyance du cas où son fils viendrait à mourir avant lui, et dans la prévoyance du cas où son fils viendrait à mourir après lui, mais avant l'âge de puberté, faire choix d'un substitué.

« Liberis nostris impuberibus, quos in potes-
« tate habemus, non solùm ità ut suprà dixi-

7.

« mus, substituere possumus, idest, ut si here-
« des nobis non extiterint, alius nobis heres sit;
« sed eò ampliùs, ut etiamsi heredes nobis exti-
« terint, et adhùc impuberes mortui fuerint, sit
« iis aliquis heres, velut hoc modo : *Titius fi-*
« *lius meus mihi heres esto; si filius meus mihi*
« *(heres) non erit, sive heres erit et priùs moriatur*
« *quàm in suam tutelam venerit, Sejus heres esto.* »
(Gaïus, inst. Com. 2, § 179. Inst. *de pupillar.*
substitut. princip.)

Dans ce cas, si le fils devient héritier du père,
et atteint l'âge de puberté, la double substitution
s'évanouit; mais si le fils ne devient pas héritier
du père, le substitué le devient : c'est la substitution vulgaire. Et si le fils, devenu héritier du
père, meurt avant la puberté, le substitué devient héritier du fils lui-même : c'est la substitution pupillaire.

« Quo casu, si quidem non extiterit heres fi-
« lius, substitutus patris fit heres ; si verò heres
« extiterit filius, et antè pubertatem decesserit,
« ipsi filio fit heres substitutus..... » (Ibid. § 180.
Instit. ibid.)

Il y avait encore une dernière espèce de substitution, appelée quasi-pupillaire ou exemplaire,
parce qu'elle avait été introduite par les prudens,
à l'exemple de la substitution pupillaire, pour
ne pas laisser mourir *intestat* les enfans pubères
que le dérangement de leurs facultés intellec-
tuelles mettait dans l'impuissance de tester.

Cette substitution, bien qu'introduite à l'exemple de la substitution pupillaire, n'était pas
fondée, comme elle, sur la puissance paternelle;
elle devait son origine à des considérations
d'humanité, *humanitatis causâ;* aussi les femmes
elles-mêmes pouvaient faire cette substitution.
(L. 9, au code *de impuberum et aliis substitu-
tionibus.*)

« *Humanitatis intuitu*, parentibus indulgemus,
« ut si filium, népotem, vel pronepotem, cujus-
« cumque sexûs habeant.... et iste filius vel filia,
« nepos vel neptis, pronepos vel proneptis,
« mente captus vel mente capta perpetuò sit....
« liceat hisce parentibus, legitimâ portione ei
« vel eis relictâ, quos voluerint iis substituere.....

« ità tamen ut si posteà resipuerit vel resipue-
« rint, talis substitutio cesset. »

Tout père de famille pouvait user du droit
de faire une substitution pupillaire, soit en insti-
tuant son fils impubère, soit même sans l'insti-
tuer, pourvu qu'il l'exhérédât.

« Non solùm tamen heredibus institutis im-
« puberibus liberis ità substituere parentes pos-
« sunt, ut si heredes eis extiterint, et anté
« pubertatem mortui fuerint, sit eis heres is
« quem ipsi voluerint; sed etiam exheredatis. »
(Instit. *de pupil. Subst.*, § 4.)

Qu'arriverait-il donc si le père, après avoir ex-
hérédé son fils (il fallait pour la validité du testament qu'il l'exhérédât quand il ne l'instituait pas),
avait institué pour héritier une autre personne,
que nous appellerons Titius, et qu'il eût substitué
ce même Titius à son propre fils impubère ?

Titius pourrait-il accepter la succession du
père, et néanmoins laisser celle du fils ?

Il y a, en quelque sorte, dans le même acte,

dit Gaïus, deux testamens, l'un du père, et l'autre du fils, comme si le fils lui-même s'était donné un héritier ; ou du moins, s'il n'y a qu'un testament, ce qui est bien certain quant à la forme, il défère deux hérédités.

« ..... Quamobrem duo quodammodo sunt
« testamenta, aliud patris, aliud filii, tanquam
« si ipse filius sibi heredem instituisset; aut certè
« unum est testamentum duarum hereditatum. »
(*Ibid.*)

D'après cela, on pourrait se croire suffisamment autorisé à décider, dans notre espèce, que Titius pourra accepter la succession du père et laisser celle du fils, puisque ce sont deux successions distinctes ; et cependant, la loi 59, *de adquirendâ vel omittendâ hereditate*, tirée de Nératius, décide formellement le contraire.

« Qui patri heres extitit, si idem filio impu-
« beri substitutus est, non potest hereditatem
« ejus prætermittere. »

Quelle en est la raison ?

La voici d'après Nératius :

« Nam si ipsum invitum obligat , conjungi
« *eam* (l'hérédité du fils) paternæ hereditati, et
« adcrescendi jure adquiri cuicunque patris he-
« redi existimandum est. »

Ce qui signifie que l'héritier se lie irrévocablement par son adition ; que, libre de prendre ou
non la qualité d'héritier, il ne peut plus , dès
qu'il l'a prise, ni l'abdiquer, ni en décliner les
conséquences. Or, l'hérédité du fils n'est qu'une
dépendance, qu'un accessoire, en quelque sorte,
une annexe de l'hérédité même du père, *conjun-*
gitur ei, et , par conséquent, il faut dire qu'elle
revient forcément, par droit d'accroissement , à
quiconque est héritier du père, et aux héritiers
eux-mêmes de cet héritier , si ce dernier mourait
avant l'impubère.

Maintenant, si l'on rapproche le *unum testa-*
mentum, SED DUARUM HEREDITATUM de Gaïus , du
conjungi eam paternæ hereditati de Nératius, il est
difficile ne ne pas voir là une contradiction de
vues et de principes; aussi a-t-on , sur ce point,

proposé des conciliations et des explications toutes plus heureuses les unes que les autres, et qui, suggérées par la manie de faire concorder, bon gré malgré, tous les textes, ont eu le grand mérite de mettre d'accord des gens qui probablement n'ont jamais voulu, ni pu s'accorder.

Il paraît qu'il faut distinguer entre les époques et les jurisconsultes, entre Gaïus et Nératius ; il paraît, dis-je, que, dans cette matière comme dans beaucoup d'autres, deux principes contraires ont tour à tour prévalu, et entraîné des conséquences opposées.

Peut-être aussi doit-on dire qu'il fallait, pour qu'il y eût lieu à ce droit exorbitant d'accroissement, base de la loi 59, que les deux hérédités fussent déférées, non seulement par le même testament, mais encore à la même personne, que c'est alors seulement que l'hérédité du père et celle du fils étaient censées n'en faire qu'une ; autrement il faudrait aller jusqu'à prétendre que, le père n'eût-il pas fait de substitution pupillaire, les biens du fils, mort impubère, n'en reviendraient pas moins, comme une partie de la succession du père, à l'héritier, quel qu'il fût, de ce dernier; or, ce serait inconciliable avec l'esprit et l'existence même de la substitution pupillaire.

Pour me faire mieux comprendre, je pose une espèce :

Le père institue pour lui Titius, et Sejus pour son fils; Titius meurt avant le testateur, ou n'accepte pas; si Sejus n'est pas considéré comme tacitement et vulgairement substitué à l'héritier du père, c'est-à-dire à Titius, le testament tombera, et, par suite, la substitution pupillaire elle-même. Si, au contraire, Sejus est considéré comme substitué vulgairement à l'héritier du père, il se trouve, par le fait, institué seul, tout à la fois pour le père et pour le fils; il se trouve appelé, en même temps, à succéder à l'un et à l'autre; et, alors, s'il accepte l'hérédité du fils, il ne peut plus évidemment laisser celle du père, car il ne peut être héritier du fils qu'en vertu du testament du père, et ce testament lui-même ne peut valoir qu'autant qu'il y a acceptation de l'hérédité du père; de sorte qu'en acceptant l'hérédité du fils , Sejus a virtuellement accepté l'hérédité du père. Il ne peut donc plus la répudier.

Que s'il a commencé par accepter l'hérédité du père, il ne pourra pas davantage répudier celle du fils ; car, après avoir approuvé la disposition capitale du testament du père, en avoir réclamé le bénéfice, il ne peut plus se refuser à l'exécution d'une autre disposition de ce même testament. (Loi 23, *de inofficioso Testamento*. ff.)

Mais si Titius, l'*institué*, accepte l'hérédité du père, et que Sejus, le *substitué*, meure avant l'impubère, ou refuse son hérédité, ce sera alors comme s'il n'y avait pas de substitution pupillaire ; partant, les biens du fils seront dévolus à ses héritiers légitimes, à ses agnats ; il n'y aura pas de droit d'accroissement ; car pour que ce droit trouvât son application, il faudrait qu'il y eût *délation* des deux successions, et par le même testament, et à la même personne : double condition qui manque.

Enfin, si Titius accepte l'hérédité du père, et Sejus, celle du fils, chacun recueillera la succession à laquelle il est appelé, savoir : Titius celle du père, Sejus celle du fils, et chacun d'eux, à sa mort, la transmettra à ses propres héritiers. Il n'y aura donc pas non plus là droit d'accroissement, parce que, si, dans ce cas comme dans celui prévu par Gaïus, il y a deux hérédités déférées par un seul testament, elles sont déférées à deux personnes différentes.

Que, suivant les temps et les jurisconsultes, ou suivant les cas, la succession du père et celle du fils aient été considérées, tantôt comme en faisant deux, et tantôt comme n'en faisant qu'une, je le conçois. Mais vouloir que, dans le même temps et dans la même espèce, on y ait vu *sub diverso respectu,* comme disent les commentateurs, tout à la fois deux successions et une seule, c'est là ce que je ne saurais comprendre.

Au surplus, que le savant qui veut faire un traité ex-professo sur une matière donnée, comme celle des substitutions, par exemple, s'attache à résoudre toutes les questions qui peuvent se présenter à son esprit, qu'il cherche même à en soulever le plus grand nombre possible, cela se conçoit. Mais ne devrait-on pas écarter de l'enseignement, et surtout des examens, toutes ces difficultés aujourd'hui sans intérêt, et dont j'ai dû citer quelques unes pour qu'on pût se faire une idée des autres? Ne devrait-on pas, tout au plus, s'en tenir au principe fondamental de la matière, en négligeant les controverses qu'il a pu engendrer?

CINQUIÈME EXEMPLE.

I.

Je le tirerai de la loi 43 *de jure dotium*, dont voici le commencement, ou, comme on dit à l'école, le *principium*.

« Licet soleat dos per acceptilationem consti-
« tui, tamen si antè matrimonium acceptilatio
« fuerit interposita, nec nuptiæ secutæ, Scœvola
« ait, matrimonii causâ acceptilationem interpo-
« sitam, non secutis nuptiis, nullam esse : atque
« ideò suo loco manere obligationem. Quæ sen-
« tentia vera est. »

Jusque-là, rien de plus simple. Si le père de la femme, étant créancier de son futur gendre, lui fait remise de la dette par acceptilation (l'acceptilation est une remise civile de la dette faite avec les solennités de la stipulation, et emportant libération), en vue du mariage et pour constituer en dot à sa fille la somme due, et que le mariage n'ait pas lieu, la remise sera considérée comme non avenue ; par conséquent, la dette subsistera comme auparavant ; rien ne saurait être plus évident.

Voilà ce que décide le commencement précité de la loi 43.

Mais passons au § 1er, qui, assurément, n'est pas des plus difficiles à comprendre; et, cependant, je connais un professeur de droit romain qui s'y est trompé !

« Quotiens autem extraneus accepto fert de-
« bitori dotis constituendæ causà, si quidem
« nuptiæ insecutæ non fuerint, liberatio non
« sequetur :..... »

Si c'était, non plus le père de la femme, mais un tiers qui, pour constituer une dot à la femme, eût fait remise au futur mari, dont il se trouvait créancier, la libération n'aurait pas lieu non plus dans le cas où le mariage ne se ferait pas. Mais la loi ajoute, et c'est ici que commence la difficulté : « Nisi fortè sic accepto tulit, ut velit mulieri « in totum donatum. »

Ce qui signifie que le débiteur serait libéré quoique le mariage manquât, si le tiers qui lui fait remise avait eu l'intention de donner à la femme, *dans tous les cas,* c'est-à-dire, soit que le mariage eût lieu, soit qu'il n'eût pas lieu, *in totum;* car tel est ici le sens de ce mot, qui, comme on voit, n'est pas fort clair par lui-même.

La loi continue : « Tunc enim credendum est, « *brevi manu* acceptum à muliere, et marito da- « tum. Cæterùm mulieri per liberam personam « condictio adquiri non potest. »

Pour comprendre ce passage, il faut savoir qu'en droit romain, nul ne pouvait acquérir une action par un tiers lorsque ce tiers n'était ni son esclave, ni son fils de famille... *per liberam personam condictio adquiri non potest.* D'après cela, il est clair que le contrat intervenu entre le créancier et le débiteur, et par lequel le créancier, pour constituer une dot à la femme, a fait remise de la dette au débiteur, ne pouvait procurer à la femme le bénéfice d'une action contre ce dernier. Aussi, pour échapper à l'application rigoureuse de ce principe, que fait-on ? On suppose ici, on *feint*, que le créancier a reçu de son débiteur la somme due, qu'il l'a versée ensuite entre les mains de la femme, et qu'à son tour celle-ci l'a comptée, à titre de prêt, à son futur mari ; de sorte que, par ce moyen, elle aura contre lui la condiction, quand bien même le mariage n'aurait pas lieu.

Si le mariage avait lieu, la même difficulté n'existerait pas, car la femme a l'action *rei uxoriæ* pour se faire restituer le montant de sa dot ; il suffit qu'il y ait dot, pour que cette action lui appartienne ; et la dot est très-valablement constituée par l'acceptilation que le créancier fait au mari *dotis constituendæ causâ.*

Mais, dans le cas précédent, au lieu de supposer que le créancier a reçu du futur mari, son débiteur, la somme due, qu'il l'a comptée à la femme, laquelle ensuite, après l'avoir reçue du créancier, l'aurait elle-même prêtée à son futur mari, on peut se borner à supposer que le créancier a donné l'ordre à son débiteur de payer directement cette somme à la femme, et que celle-ci, l'ayant reçue du débiteur, la lui a rendue ensuite à titre de prêt : de la sorte il n'y aura plus que *deux* traditions feintes, au lieu de *trois*.

Quoi qu'il en soit, c'est uniquement pour ne point violer ouvertement le principe qu'on ne peut rien acquérir *per liberam et extraneam personam* (principe auquel, pour le dire en passant, un rescrit d'Alexandre Sévère avait admis une dérogation pour l'acquisition de la possession), qu'on a recours à ces suppositions de tradition, à ces fictions, qui n'ont pas d'autre objet.

II.

Il n'est pas hors de propos de remarquer ici qu'il y a des dispositions spéciales, exceptionnelles, pour le prêt dit *mutuum*, et, à ce sujet, de rappeler qu'il existe deux sortes de prêt : l'un appelé *commodat*, dans lequel le prêteur concède simplement à l'emprunteur l'usage de la chose qui en fait l'objet; l'autre appelé *mutuum* (par contraction, à ce qu'il paraît, des mots *ex meo tuum*), dans lequel le prêteur transporte à l'emprunteur *la propriété* de la chose : c'était même là une condition de l'existence de ce contrat. Mais, sur ce point, il y avait une grande discordance d'opinions entre les jurisconsultes romains.

C'est ainsi que, selon Ulpien, loi 15, *de Rebus creditis*, si un individu auquel une somme est due veut la prêter à un tiers, et enjoint au débiteur de la payer à ce tiers, ce dernier, en recevant la somme des mains du débiteur, s'oblige, non pas envers celui-ci, mais envers le créancier, qui cependant n'était pas *propriétaire* des espèces prêtées.

« Nam si tibi debitorem meum jussero dare
« pecuniam, obligaris mihi quamvis meos num-
« mos non acceperis. »

Par une conséquence du même principe, toujours selon Ulpien, si le mandant laisse à titre de prêt, entre les mains du mandataire, ce que celui-ci lui doit en cette qualité, le mandataire sera obligé comme emprunteur : car le mandant sera censé avoir reçu de lui cet argent, et le lui avoir remis ensuite à titre de prêt.

« Quod igitur in duabus personis recipitur,
« hoc et in eâdem personâ recipiendum est : ut
« cùm ex causâ mandati pecuniam mihi debeas,
« et convenerit ut crediti nomine eam retineas,
« videatur mihi data pecunia, et à me ad te pro-
« fecta. » (L. 15, *de Rebus creditis,* ff.)

Quel était donc l'intérêt de cette question? C'était uniquement de savoir si l'on aurait telle action ou telle autre, l'action de mandat ou la condiction, une action de bonne foi ou une action de droit strict; ce qui, aujourd'hui que ces distinctions n'existent plus, est tout-à-fait indifférent pour nous, et ne nous offre tout au plus qu'un futile intérêt de curiosité.

Au surplus, il ne faut pas chercher à concilier cette loi avec la loi 34, princip. *Mandati,* car la loi 34 admet bien, comme une décision de pure faveur, qu'il y aura prêt d'argent valable lorsque le débiteur, par l'ordre du créancier, aura compté la somme due à un tiers à qui le créancier veut la prêter; mais elle n'admet pas qu'on puisse valablement laisser à un mandataire, à titre de prêt, la somme qu'il doit par suite du mandat.

« Qui negotia Lucii Titii procurabat, is, cùm
« à debitoribus ejus pecuniam exegisset, episto-
« lam ad eum emisit quâ significaret, *certam*
« *summam ex administratione apud se esse, eamque*
« *creditam sibi se debiturum cum usuris semissibus.*
« Quæsitum est an ex eâ causâ credita pecunia
« peti possit, et an usuræ peti possint. Res-
« pondit non esse creditam : alioquin dicen-
« dum, ex omni contractu, nudâ pactione, pe-
« cuniam creditam fieri posse. »

Sur ce point donc, comme on voit, les jurisconsultes étaient divisés d'opinions, et Africain, auquel on a emprunté la loi 34, était en opposition formelle avec Ulpien, qui a fourni le texte de la loi 15 : à moins qu'on ne dise, comme les derniers mots du texte semblent l'indiquer, que Paul décide seulement ici qu'il n'y a pas *pecunia credita,* en ce sens que les intérêts ne sont pas dus. Effectivement, dans les principes du droit romain, où, en règle générale, la simple convention ne suffit pas pour produire une obligation, il faudrait, pour que les intérêts fussent dus, qu'ils eussent fait l'objet d'une *stipulation,* et non pas seulement d'*une simple convention.*

Mais ce n'était pas uniquement sur ce point que les jurisconsultes étaient divisés. Ainsi d'après Ulpien (loi 11, *de Rebus creditis*), si l'on a remis à quelqu'un, au lieu de numéraire, un plat d'argent ou un lingot d'or, pour les vendre et se servir du prix, et qu'en effet l'emprunteur les ait vendus, il y aura *mutuum,* comme si on lui avait prêté du numéraire.

« Rogâsti me ut tibi pecuniam crederem :
« ego, cùm non haberem, lancem tibi dedi, vel
« massam auri, ut eam venderes, et nummis
« utereris. Si vendideris, puto mutuam pecu-
« niam factam. »

Mais Africain, dans la loi 34, déjà citée,

(*Mandati.* princ. in fine) décide, dans la même hypothèse, qu'il n'y a point prêt d'espèces, *pecuniam creditam,* par la subtile raison que la chose dont la propriété a passé du prêteur à l'emprunteur, c'est un plat d'argent, et non pas du numéraire.

« Eum qui cùm mutuam pecuniam dare vel-
« let, argentum vendendum dedisset, *nihilòma-*
« *gis pecuniam creditam rectè petiturum.* »

Il y avait encore à cet égard, comme on voit, contrariété d'opinions entre les jurisconsultes.

Au surplus, d'où provenaient toutes ces singulières difficultés? de ce que le contrat de prêt dont il s'agit étant un *mutuum,* ainsi nommé par contraction de *ex meo tuum, de mien tien* (du moins si l'on veut en croire les étymologistes latins, qui, en général, n'avaient que de fausses idées sur la dérivation des mots,) il fallait, pour décider s'il y avait ou non *mutuum, dans la rigoureuse acception du mot ainsi entendu,* rechercher si cette condition fondamentale était ou non exactement remplie, *an ex meo tuum fiebat.*

Aussi, comme le déposant reste propriétaire de la chose déposée, quand il consentait à laisser au dépositaire, à titre de prêt, la somme qu'il avait remise entre ses mains, les jurisconsultes romains ne faisaient aucune difficulté de voir là un *mutuum*. « Si pecuniam apud te depositam « convenerit, ut creditam habeas, credita fiat : « quia tunc nummi, qui mei erant, tui fiunt. » (L. 34, *mandati*. ff.) Tandis que si c'eût été un créancier qui eût laissé à son débiteur, à titre de prêt, la somme due, il y aurait eu grand débat entr'eux sur la question de savoir si, dans ce cas, il y avait, ou non, *mutuum*.

Combien tout cela n'est-il pas dépourvu en soi de sens et d'intérêt pour nous? quoi de plus insignifiant aujourd'hui, je le demande, que ces interminables discussions, et les décisions, si souvent contraires, dont le Digeste fourmille en cette matière, comme dans tant d'autres ?

III.

Cependant je ne crois pouvoir me dispenser,

en terminant, d'appeler l'attention sur un point qui, chaque jour, est l'objet de questions aux examens et aux thèses, et de signaler tout ce qu'il y a de vain, selon moi, dans les efforts de quelques auteurs modernes pour réformer la définition généralement admise des *choses fongibles : celles qui se consomment par le premier usage;* et pour la remplacer par celle-ci : *celles qui se donnent au poids, au compte, ou à la mesure.*

Il est vrai qu'à l'appui de cette dernière définition, qui certes n'a pas le mérite de la nouveauté, on produit des textes où il est dit que : « Mutui datio in iis rebus consistit quæ pondere, numero, mensurâve constant. »

Il est vrai encore qu'on cite d'autres textes, comme le suivant, où il est dit que : « Mutui datio consistit in rebus quæ functionem in suo genere recipiunt... etc., etc. »; et l'on en a tiré cette seconde définition des choses fongibles : *celles qui peuvent se remplacer les unes par les autres.*

On va même jusqu'à invoquer la règle du rudiment : *fungor officio.*

Mais, de bonne foi, que signifie tout cela?

Eh quoi! toutes les choses qui peuvent faire l'objet de l'un ou l'autre prêt, du *mutuum* ou du *commodatum*, ne sont-elles pas susceptibles d'être comptées, pesées, ou mesurées; et aussi, à moins qu'on ne veuille les supposer uniques dans leur genre, de se remplacer les uns par les autres? Ces auteurs l'ont bien senti : et par *choses fongibles*, ils entendent celles qui, *dans l'intention des parties,* ont été considérées comme des *quantités;* de sorte que l'emprunteur, n'étant tenu que d'en restituer d'autres pareilles, peut disposer en maître de celles qu'il a reçues, et n'est jamais libéré par la perte de ces choses; c'est le cas du *mutuum;* — ils entendent par *choses non fongibles* celles qui , toujours *dans l'intention des parties* (seule à considérer, disent-ils,), ont été envisagées, non pas comme des quantités, mais, tout au contraire, comme *des corps certains ;* de sorte que l'emprunteur, tenu de restituer la *chose même qu'il a reçue,* et non pas une autre, ne peut pas en disposer, mais aussi est libéré par la perte, lorsqu'elle arrive sans sa faute et sans son fait ; c'est le cas du *prêt à usage*, ou *commodat*.

Sans doute, afin de savoir pour qui la chose périt ou augmente, il est bon de distinguer le *mutuum* du *commodatum*, et, par conséquent, les choses fongibles de celles qui ne le sont pas. Mais je ne puis m'empêcher de m'étonner que les auteurs dont j'ai parlé aient cru pouvoir tirer cette distinction de l'intention seule des parties, sans aucun égard à la nature de la chose, comme ils le déclarent en propres termes.

« Les choses *quæ ipso usu consumuntur*, disent-
« ils (je cite textuellement), se distinguent par
« leur nature même ; tandis que, *relativement aux*
« *choses fongibles ou non fongibles, la distinction*
« *dépend uniquement du rapport sous lequel on les*
« *a considérées.* » (Ducaurroy, Instit. expliq., t. 3,
pag. 23.)

Assurément, si l'intention des parties est constante, si elle est avouée ou prouvée, il ne s'élèvera aucune difficulté ; mais si leur intention est douteuse, si elle est contestée ; si, par exemple, la chose ayant péri, le prêteur, pour rejeter la perte sur l'emprunteur, soutient qu'il avait entendu faire un *mutuum,* et que l'emprunteur, au contraire, pour s'affranchir de la perte, soutienne n'avoir entendu recevoir la chose qu'à titre de simple prêt à usage, de *commodat,* comment, je le demande, en l'absence de preuves directes et de toute circonstance particulière qui puisse éclairer sur l'intention des parties, comment, dis-je, dans ce conflit d'allégations contraires, et dans le doute, le juge parviendra-t-il à résoudre la difficulté?

D'après l'intention des parties? — Mais c'est elle qui est en question.

D'après la fongibilité de la chose? — Mais elle dépend *uniquement,* nous dit-on, de l'intention des parties. Or, c'est précisément cette intention que l'on cherche et qui échappe!

Il faut donc ici, je ne crains pas de le dire, si l'on ne veut pas se payer de vains mots, considérer la nature de la chose elle-même, et dire qu'elle est *fongible* ou *non fongible,* et par suite que le contrat dont elle fait l'objet doit être réputé un *mutuum* ou un *commodat*, suivant que, d'après la nature et la destination propre de cette chose, on peut, ou non, en user sans la consommer *primo usu*, par le premier usage. Ainsi, par exemple, des liqueurs, des fruits, de l'argent, seront des choses *fongibles;* des livres, des chevaux, des choses *non fongibles.*

Sans doute, quoique la chose soit fongible en elle-même, il sera loisible aux parties d'en changer la destination propre, de la dénaturer, en quelque sorte, par la convention, en la prêtant pour un usage auquel elle n'est point par elle-même destinée. Ainsi, par exemple, un avare, pour cacher son avarice sous les apparences du faste, emprunte des corbeilles de fruits précieux, non pas pour les faire manger à ses amis, et en rendre d'autres à la place, mais seulement pour les exposer aux regards et les faire figurer sur sa table; alors, sans doute, quoique la chose qui fait l'objet du prêt soit *fongible par elle-même,* il y aura, d'après *l'intention des parties, commodat* et non pas *mutuum.* Mais il faudra, pour cela, que cette intention soit clairement établie; au-

trement on devrait décider, d'après la *nature* de
la chose, qui est *fongible ,* que le contrat est un
mutuum.

En sens inverse, quoiqu'une chose ne soit
point fongible par elle-même, c'est-à-dire qu'on
puisse en user suivant sa nature et sa destination sans la consommer par le premier usage
qu'on en fait, *primo usu,* telle qu'un livre, par
exemple , les parties pourront néanmoins convenir que l'emprunteur ne se contentera pas d'u-
ser de cette chose suivant sa destination, mais
qu'il pourra en disposer en maître, à la charge
de la remplacer par une autre semblable, et alors
sans doute, il y aura, d'après l'intention des
parties, *mutuum.* Mais il faudra que cette intention soit clairement prouvée ; car ce sera con-
trairement à la nature même de la chose, qu'on
voudra établir l'existence d'un *mutuum.*

Ainsi , en dernière analyse, la définition des
choses fongibles ou non fongibles, si l'on veut
qu'elle ait un sens et qu'elle soit bonne à quelque chose, doit forcément être ramenée à ceci :

« Choses qui se consomment *primo usu.* »

« Choses qui ne se consomment point *primo*
« *usu.* »

En d'autres termes :

« Choses *dont on ne peut pas* faire l'usage au-
« quel elles sont par elles - mêmes destinées,
« sans se mettre dans l'impossibilité de les resti-
« tuer en nature et identiquement. »

« Choses *dont on peut* se servir pour l'usage
« auquel elles sont par elles-mêmes destinées,
« sans qu'il en résulte aucune impossibilité de les
« restituer en nature et identiquement. »

Il faudra une volonté clairement démontrée
pour enlever aux premières le caractère de choses
fongibles, *car il est de leur nature ;* et, par suite, le
contrat dont elles seront l'objet sera, jusqu'à la
preuve d'une volonté contraire, *présumé* un *mutuum.*

Il faudra une volonté clairement démontrée
pour imprimer aux secondes le caractère de choses
fongibles, *car il est opposé à leur nature ;* et, par
suite, le contrat dont elles seront l'objet sera,

jusqu'à la preuve de la volonté contraire des parties, *présumé* un *commodat.*

C'est ainsi, et seulement ainsi, que l'on peut, du moins selon moi, sans se préoccuper d'une vaine exactitude étymologique, qui dans ce cas particulier ne résout pas la difficulté, justifier la distinction des choses en fongibles ou non fongibles, lui donner un sens, et lui trouver une application.

IV.

Maintenant, laissant là cette digression, que j'ai cru pouvoir et même devoir me permettre, et revenant à la proposition qui fait l'objet de ce chapitre, il me serait facile de multiplier les citations pour démontrer de plus en plus à combien peu d'esprits sont accessibles les textes du droit romain, grâce à l'extrême difficulté qu'ils présentent, à la confusion et à l'obscurité qui y règnent; mais les exemples que j'ai cités peuvent, je crois, amplement suffire : et, parmi une foule d'autres lois qu'il serait trop long même d'énumérer ici, je me contenterai de signaler spécialement :

1° La loi 13, *de Peculio*. ff.

2° La loi 10, *de Optione vel Electione legatâ*. ff.

3° La loi 11, *de duobus Reis*. ff.

4° La loi 25, *de hereditatis Petitione*. ff.

5° Enfin les lois 23 et 24, *de Donationibus inter virum et uxorem*. ff.

Que ceux qui en auront le loisir s'efforcent, si bon leur semble, de comprendre et d'expliquer ces textes !

Quant à moi, je ne crois pouvoir mieux terminer ce chapitre que par deux citations empruntées, l'une à M. Garat, l'autre à l'auteur de l'Essai sur la politique et la législation des Romains.

M. Garat regarde comme une espèce de phénomène politique l'apparition de ces jurisconsultes appelés fastueusement sages, *prudentes*, comme si toute la sagesse humaine avait été renfermée dans leur esprit, et il ajoute : « Sous ces hommes

« orgueilleux qui trouvaient la législation trop
« claire, trop facile pour leur subtilité merveil-
« leuse, la connaissance simple et positive des
« lois devient une science compliquée et conten-
« tieuse; amoureux de ce que la dialectique d'A-
« ristote a de plus fin et de plus mystérieux, ils
« transportèrent dans la jurisprudence les sectes,
« les cris, les disputes interminables de l'Acadé-
« mie, du Lycée et du Portique : on dirait que la
« nature d'un contrat et d'un testament est aussi
« difficile à connaître que la nature de l'univers;
« que les lois sur les successions sont aussi ob-
« scures que les lois de la création; et, grace à
« leur génie, grace à leurs travaux, pendant plu-
« sieurs siècles cela ne devient que trop vrai. »

Voici maintenant la deuxième citation que j'ai
annoncée :

« L'obscurité des lois romaines, dit l'auteur de
« l'Essai sur la politique et la législation des Ro-
« mains, est frappante; pour peu que l'on veuille
« jeter les yeux sur une seule page de *l'Infortiat* (1),

(1) « Les glossateurs, ayant voulu faire une division du
Digeste, n'avaient fait que couper le Digeste en trois parties,

« on y trouve en apostille, à chaque mot de la loi,
« tant de motifs pour en douter, que le philosophe
« le plus froid y perdrait patience. De vieux doc-
« teurs qui se voient à la fin de leur carrière,
« et qui, bornés jusqu'alors à l'usage de la mé-
« moire, ont laissé rouiller leur intelligence, s'a-
« musent de la terreur qu'inspire aux jeunes gens
« le fatras rebutant de leurs graves inepties, et se
« font un cruel plaisir de leur annoncer que la
« vie entière ne suffit pas pour apprendre les lois
« romaines. La vanité insensée de ces docteurs pé-
« dantesques est la satyre la plus amère qui se
« puisse faire de la jurisprudence romaine. »

Qu'on se récrie, si l'on veut, contre la sévérité de ce jugement et la dureté de ce langage; du

sans aucune modification, et sans qu'on puisse encore trou-ver dans leur division un motif rationnel : le *Digestum vetus*, l'*Infortiat*, le *Digestum novum*, ne sont que les cinquante livres du Digeste divisés en trois séries, dont la première s'étend du premier au vingt-quatrième livre; la deuxième, du vingt-quatrième au trente-huitième; la troisième du trente-huitième au cinquantième. » (Lafer-rière, Histoire du Droit français.)

moins est-il permis de dire avec Hotman, car
c'est je crois maintenant une vérité pleinement
démontrée, « que ceux qui nous recommandent
« si affectueusement l'étude des livres de Jus-
« tinien comme une fontaine de toute science,
« semblent (pour en parler naïvement) nous
« présenter à boire de l'eau d'une fontaine bien
« troublée! »

Au surplus, les textes du droit romain, fussent-
ils aussi bien coordonnés qu'ils le sont mal, aussi
clairs qu'ils le sont peu, on aurait beau les prendre un à un, on n'en ferait jamais sortir la justification de cette réputation de sagesse et de
supériorité dont on s'est plu, depuis des siècles,
à environner leurs auteurs; et l'on y lirait, au
contraire, avec étonnement, une foule de décisions telles qu'on ne saurait, en vérité, comment les qualifier, si elles émanaient d'un auteur moderne.

C'est ce dont je fournirai la preuve dans les
deux chapitres suivans.

CHAPITRE TROISIÈME.

Passons maintenant à un autre ordre d'idées.

Occupons-nous de ces décisions singulières, plus propres, même pour les matières qui ont des analogues dans notre droit, à nous égarer qu'à nous éclairer, et aussi de ces décisions subtiles, quelquefois même ridicules, que l'on rencontre à chaque pas dans les recueils du droit romain.

Commençons par les premières.

Ire SECTION.

I.

La loi 36, *familiæ erciscundæ*, ff., m'en fournit, un exemple, entre mille.

« Cùm putarem te coheredem meum esse,
« idque verum non esset, egi te cum familiæ
« erciscundæ judicio, et à judice invicem adju-
« dicationes et condemnationes factæ sunt. »

Vous croyant à tort et par erreur appelé à re-cueillir avec moi une riche succession qui m'était échue exclusivement, j'ai intenté contre vous une action en partage ; le juge nous a, en con-séquence, attribué à l'un et à l'autre la propriété de certains biens, et nous a condamnés récipro-quement à certaines prestations, telles que *retour de lot*, etc., etc.

Voilà l'espèce. Maintenant voici la question :

« Quæro, rei veritate cognitâ, utrùm condictio
« invicem competat, an vindicatio : et an aliud
« in eo qui heres est, aliud in eo qui heres non
« sit, dicendum est ? »

L'erreur une fois reconnue, aurons-nous l'un
contre l'autre la *condictio indebiti* (action personnelle par laquelle on se fait rendre ce qu'on
a payé indûment), ou la *revendication*, (action
réelle accordée au propriétaire pour faire reconnaître et sanctionner son droit); et ne fau-
dra-t-il pas décider, pour moi, qui suis héritier,
et qui, par conséquent, pourrais, à ce titre, prétendre à la revendication des objets héréditaires
que je vous ai abandonnés par erreur, autrement
que pour vous, qui n'êtes pas héritier, et qui,
par conséquent, ne sauriez, dans aucun cas,
avoir droit tout au plus qu'à la *condiction* de ce
que vous m'avez payé à titre de soulte?

Le jurisconsulte refuse même la *condiction* au
véritable héritier, ce qui le dispense de s'expliquer sur la revendication; aussi, suivant la forme

elliptique propre aux jurisconsultes romains, se borne-t-il à répondre :

« Qui, ex asse (*pour le tout*), heres erat, si
« cùm putaret se Titium coheredem habere, ac-
« ceperit cum eo familiæ erciscundæ judicium,
« et condemnationibus factis, solverit pecuniam,
« quoniam ex causâ judicati solvit, repetere non
« potest. »

Ainsi donc, dit le jurisconsulte, si celui qui était héritier pour le tout, s'est, dans la fausse opinion qu'il avait un cohéritier, engagé avec lui dans une instance en partage, et qu'il ait été condamné à lui payer une certaine somme, il ne pourra pas la répéter, parce qu'il l'aura payée en exécution de la décision du juge (*ex causâ judicati*).

Cependant l'erreur où j'étais sur la qualité de celui que j'ai admis à tort à partager avec moi a-t-elle pu lui conférer quelque droit, et me faire perdre ceux que j'avais ?

Le jurisconsulte prévoit l'objection :

« Sed tu videris eo moveri, quod non est judi-

« cium familiæ erciscundæ, nisi inter *coheredes*
« acceptum. »

Vous paraissez touché, dit-il, de ce qu'il ne
peut y avoir partage et instance en partage
qu'entre personnes appelées à partager, c'est-à-
dire entre *cohéritiers* : je vous l'accorde; mais,
ajoute-t-il :

« Quamvis non sit judicium, tamen sufficit ad
« impediendam repetitionem, quod quis se putat
« condemnatum. »

Quoiqu'il n'y ait pas eu, en réalité, d'instance
en partage, car une instance de ce genre ne peut
exister qu'entre *cohéritiers*, il suffit néanmoins,
pour empêcher la répétition, qu'on ait cru qu'il
y avait réellement instance *en partage,* et que
par suite il soit intervenu une sentence fondée
sur cette erreur de fait ; parce que, sans cela,
on n'aurait pas payé par erreur, et la question
de répétition ne pourrait pas même s'élever.

Assurément cette raison ne paraît point d'une
grande valeur; il semble bien difficile de s'en
contenter, et, à coup sûr, il n'y a pas, en France,

un tribunal qui voulût la sanctionner. Mais, en droit romain, il était de principe que celui qui se refusait mal à propos à exécuter une sentence devait être condamné au double; et les jurisconsultes en concluaient que celui qui, par erreur, avait payé ce qu'il ne devait pas, en exécution d'une sentence telle quelle, ne pouvait pas répéter, parce que, son erreur eût-elle cessé, il aurait peut-être mieux aimé payer à tout événement, que de s'exposer, en contestant, à une condamnation plus forte. Ils voyaient là une espèce de transaction, *transactum inter eos intelligitur,* disaient-ils. Ils appliquaient même cette décision au cas où ni l'un ni l'autre de ceux qui avaient agi en qualité d'héritiers ne l'étaient réellement; et ils n'admettaient pas la répétition des soultes que les parties avaient pu se payer réciproquement.

« Quod si neuter eorum heres fuit, sed, quasi
« heredes essent, acceperint familiæ erciscundæ
« judicium, de repetitione idem in utrisque di-
« cendum est, quod diximus in altero. »

Mais, si le partage avait été fait à l'amiable,

chacun pourrait répéter ce qu'il aurait cédé à l'autre ; car, comme il n'y aurait pas eu de sentence, on ne pourrait point supposer de transaction, et il n'y aurait plus aucun motif de refuser la *répétition*.

Dans aucun cas il ne saurait y avoir lieu à la *revendication,* car le paiement fait indûment et par erreur ne transfère pas moins la propriété.

« Planè si sine judice diviserint res, etiam
« condictionem earum rerum quæ ci cesserunt
« quem coheredem esse putavit, qui fuit heres,
« competere dici potest : non enim transactum
« inter eos intelligitur, cùm ille coheredem esse
« putaverit. »

Voilà, certes, une distinction qui nous paraîtrait aujourd'hui bien étrange. Et cependant combien n'y a-t-il pas, dans le droit romain, de décisions semblables, qui ne reposent également que sur des principes arbitraires, de décisions tout aussi dépourvues de base rationelle, et qui ne méritent pas davantage qu'on s'y arrête ! Combien ne pourrait-on pas en citer !

II.

Voici une autre matière du droit romain qui, bien qu'analogue à une matière du droit français, renferme des décisions entièrement inapplicables chez nous : je veux parler de l'acquisition des fruits.

Dans le droit romain il existe, à ma connaissance, sur cette matière, pleine de confusion et d'obscurité, plus de *cent* textes, épars dans les différens titres des Institutes, du Digeste, et du Code.

Pour montrer le cas qu'on doit en faire aujourd'hui, il me suffira de passer en revue les différens systèmes auxquels ils ont donné lieu, et d'en présenter une analyse succincte, en y ajoutant quelques observations.

§ 1er.

Des auteurs veulent que le possesseur d'un

objet particulier ne soit aucunement tenu de restituer les fruits perçus, sans distinguer s'il les a consommés ou non. Ils se fondent sur ce que le possesseur de bonne foi a sur les fruits le même droit que le véritable propriétaire, ce qu'ils induisent des lois 22, au code, *de rei vindicatione;* 48, princip. ff. *de acquirendo rerum Dominio;* 136, ff. *de Regulis juris;* 25, § 1*er*, ff. *de Usuris et Fructibus.*

Le possesseur de bonne foi, disent-ils, acquiert les fruits, ou par le fait de la perception, ou par celui de la consommation. Or, il est certain qu'il ne les acquiert pas par ce dernier fait, donc il les acquiert par le premier; dès lors ils sont siens dès qu'ils sont perçus, et non pas seulement lorsqu'ils sont consommés; par conséquent, il suffit qu'il les ait perçus, pour qu'il soit dispensé de les restituer.

Mais, en supposant que le possesseur de bonne foi ait, quant aux fruits, le même droit que le propriétaire, c'est seulement tant que dure sa bonne foi; il fait les fruits siens par la perception, et peut les consommer, s'il est encore de bonne foi, sans être tenu de les restituer. Mais s'il ne les a pas consommés, et qu'il les ait conservés en nature, son droit s'évanouit dès que sa bonne foi cesse ; car la perception n'est pas la seule base de l'acquisition des fruits ; il faut encore que la bonne foi s'y joigne, et, par conséquent, dès qu'elle a cessé, le droit du possesseur est éteint.

Ces auteurs s'efforcent aussi d'établir, par les textes que nous avons cités et par d'autres encore, qu'il n'y a aucune différence à faire entre les fruits existants, *extantes*, et les fruits consommés , *consumptos*.

Mais c'est à tort, car on oppose constamment dans les textes les fruits existans aux fruits consommés, comme on peut le voir dans la loi 3, au code, *condictione ex lege*, dans la loi 4, au code, *de Crimine expilatæ hereditatis*, dans la loi 22, au code, *de rei vindicatione*, et dans plusieurs autres lois que Barnabé Brisson a rassemblées.

Un troisième argument, que ces auteurs font valoir à l'appui de leur opinion, est tiré de ce que le mot *extantes*, dans la loi 22 précitée, signifierait la même chose que *stantes*, qui lui-même serait synonime de *pendentes* (*pendans par branches ou par racines*), et à cet égard on cite la loi 26, § 1er, ff., *de Furtis;* puis on conclut de là que le possesseur n'étant tenu de restituer que les fruits *extantes*, c'est-à-dire, d'après cette interprétation, *stantes* ou *pendentes*, il doit garder tous les autres.

Mais, voulût-on admettre que le mot *stare*, qui se trouve dans ces lois, est synonyme de *pendere*, et que, par fruits *stantes*, on doit entendre les fruits *pendentes*, on ne pourrait aucunement en conclure que les fruits *extantes* sont même chose que les fruits *stantes;* d'ailleurs les fruits qui sont encore pendans sont nécessairement compris dans la restitution du fonds dont ils font encore partie; ce n'est donc pas de ceux-là qu'on a pu vouloir parler dans les lois précitées.

<h2 style="text-align:center">§ II.</h2>

D'autres auteurs veulent que le possesseur

de bonne foi soit tenu de restituer, non seulement les fruits qui existent en nature, mais encore ceux qui ont été consommés, si le possesseur s'est enrichi, soit qu'il les ait vendus et qu'il en ait encore le prix, soit qu'en les consommant il ait épargné d'autant son patrimoine.

Ils se fondent sur ce que le possesseur de bonne foi, lorsqu'on agit contre lui par la *condictio indebiti*, est tenu de restituer les fruits même consommés, comme on peut le voir dans la loi 15, et dans la loi 65, §§ 6, 7 et 8, *de condict. indeb.* ff.

Mais, d'une part, ces lois ne distinguent pas si le possesseur s'est ou non enrichi; d'autre part, elles sont inapplicables, car il s'agit ici, non pas de la condiction, action toute personnelle, mais de la revendication, qui est le type de toutes les actions réelles.

Ces auteurs argumentent encore de ce que les mots *fruits consommés*, *fructus consumpti*, sans aucune addition, signifieraient *des fruits dont il ne reste absolument rien*, ce qu'ils s'efforcent de prouver par la loi 24, § 4, ff. *de Minori-bus*, par la loi 17, ff., *quod metus causâ*, et par la loi 25, § 15, ff., *de hereditatis Petitione*.

Quant à la loi 24, § 4, *de Minoribus*, on ne peut pas nier que, dans cette loi, le mot *consumere, consommer*, ne soit synonyme de *perdere, perdre*. Mais il ne s'ensuit pas que ce mot soit pris toujours et partout dans le même sens. Certes, si l'on veut se reporter à la loi 1re, ff., *de nautico fenore*, à la loi 18, § ult. ff. *de Jure fisci*, etc., on verra que le mot *consumere* est loin d'emporter toujours l'idée d'une consommation sans profit, en pure perte. C'est ce qui résulte clairement de la loi 32, ff., *de Minoribus*, où il est question d'un mineur qui a *mal consommé* son argent, *malè consumpsit*. Or, évidemment, il aurait été fort inutile d'ajouter l'adverbe *malè*, si le mot *consumere* était toujours synonyme de *perdere*.

Quant à la loi 17, *quod metus causâ*, elle n'est pas applicable ici ; car voulût on en induire que consommer est synonyme de ne pas profiter, il faudrait au moins que la consommation et l'absence de profit concernassent la même personne, ce qui n'existe pas dans l'espèce de cette loi.

Enfin, quant à la loi 25, § 15, de *hereditatis petitione*, elle signifie seulement que le possesseur d'une hérédité, qui a consommé tout ce qu'il avait entre ses mains, sans en être devenu plus riche, n'est tenu de rien restituer, mais non pas que *consommer* soit, en soi, synonyme de *ne pas s'enrichir*.

On allègue enfin la loi 72, *de Legatis*, 2°, où il est dit que *non absumitur quod in corpore patrimonii retinetur*, et l'on croit pouvoir en conclure qu'une chose consommée est une chose dont il ne reste absolument rien.

Mais dans cette loi il s'agit d'un individu qui avait été chargé de restituer, après sa mort, ce qui resterait de l'hérédité, et qui avait payé ses propres créanciers avec des deniers de l'hérédité. La loi décide avec raison que ces deniers doivent être restitués, parce que *non absumitur quod in corpore patrimonii retinetur*. L'argent, en effet, est chose fongible, et le grevé, en payant ses créanciers avec l'argent provenant de l'hérédité, a économisé d'autant ses propres biens : par conséquent, il est pécuniairement dans la même position que s'il avait encore entre les mains les deniers héréditaires qu'il a employés à l'acquit de ses dettes personnelles. Il doit donc les restituer ; et le jurisconsulte n'a pas voulu dire autre chose.

Un troisième et dernier argument, qu'on fait valoir à l'appui de la même opinion, est tiré de ce que le possesseur d'une universalité doit restituer même les fruits qu'il a consommés, au moins quand il s'est enrichi. Or, pourquoi, dit-on, ne déciderait-on pas de même pour le possesseur de bonne foi d'un objet particulier ?

Mais autre chose est la possession d'une universalité ; autre chose, celle d'un objet particulier. Les fruits consommés et utilement consommés augmentent d'autant l'universalité, le prix prend dans la masse la place de la chose vendue ; tandis qu'il n'en saurait être ainsi quand il s'agit d'un objet particulier.

Ensuite cette différence entre la pétition d'hérédité et la revendication n'avait pas toujours existé ; elle n'avait été introduite, à ce qu'il paraît, que sous le règne d'Antonin, par un sénatus-consulte qui est rapporté au Digeste.

§ III.

Il y a des auteurs qui, distinguant entre les fruits naturels et industriels, attribuent irrévocablement les derniers au possesseur de bonne foi, dès qu'il les a perçus. Telle est l'opinion de Vinnius.

Il s'appuie sur le § 35, aux Inst., *de rerum divisione*, où il est dit que *naturali ratione placuit fructus quos possessor percepit, ejus esse pro culturâ et curâ*.

Mais la loi 48, ff., *de acquirendo rerum dominio*, proscrit formellement toute distinction entre les fruits naturels et industriels ; la loi 4, §2, ff. *finium regundorum*, n'admet non plus à cet égard aucune distinction ; et il est facile de répondre à l'argument tiré du texte des Institutes, d'une part, que les fruits naturels exigent, sinon des frais de culture, au moins des soins, et, d'autre part, qu'on peut entendre ce texte et les autres semblables en ce sens que les fruits perçus appartiennent irrévocablement au possesseur de bonne foi, au moins jusqu'à concurrence de ses frais de culture et de la valeur de ses soins L'équité, d'accord avec le droit, le veut ainsi ; car il n'y a des fruits que *deductis impensis*, de même qu'il n'y a des biens que *deducto œre alieno*. Enfin, il est possible que, sur ce point comme sur beaucoup d'autres, les jurisconsultes romains ne fussent pas d'accord entr'eux.

§ IV.

Une dernière opinion, et c'est celle qui me paraît la plus équitable, comme la plus conforme aux textes, c'est que le possesseur de bonne foi n'est tenu de rendre que les fruits existant encore en nature, et qu'il ne doit aucun compte de ceux qui sont consommés, soit qu'il en ait, ou non, profité. C'est ce qui résulte d'une foule de textes, notamment du § 35 lui-même, Inst., *de rerum div.*; des lois 22, cod., *de rei vindicat.*; 48, princip. ff. *de acquirendo rerum dominio*; 4, § 2, ff., *finium regundorum*.

Ainsi donc, en dernière analyse, il faut distinguer si les fruits perçus existent encore, ou s'ils ont été consommés. S'ils existent, ils doivent être restitués; sinon, le possesseur est libéré; les fruits existans ne doivent être eux-mêmes restitués qu'autant que le possesseur ne les a point usucapés.

Au surplus, on voit combien tout cela est sujet à controverse, et surtout combien, en définitive, on serait peu dédommagé du temps qu'exigeraient le rapprochement et l'analyse de tous les textes relatifs à cette question, sans parler de la difficulté de les trouver et de les comprendre.

2ᵉ SECTION.

Maintenant essayons de prendre une idée de ces incroyables subtilités, de ces arguties du droit romain, qui sont devenues proverbiales, et qu'on y trouve en si grand nombre.

I.

Chez les Romains, la règle générale, en droit civil, était qu'une convention ne produisait pas d'obligation, à moins qu'elle ne fût accompagnée de quelque formalité additionnelle, savoir d'une *dation* (ou d'un *fait*), d'un *écrit*, ou d'une *solennité de paroles*. Sans cela ce n'était pas un *contrat*, ce n'était qu'un simple *pacte*. Il n'y avait d'exception que pour quatre conventions, savoir, la *vente*, le *louage*, la *société*, et le *mandat*, qui, affranchies de la règle générale, probablement à cause de leur fréquence et de leur utilité, étaient valables par elles-mêmes. Aussi les appelait-on contrats *consensuels ;* tandis que les autres étaient appelés *réels, littéraux,* ou *verbaux,* suivant que la formalité additionnelle au consentement, exigée pour leur perfection, consistait dans la tradition d'une chose (ou l'accomplissement d'un fait), ou bien dans un écrit, ou dans une solennité de paroles.

« Bref, dit Hotman, les contrats et conve-
« nances qui se faisaient à Rome, ensemble
« le droit qui s'ensuivait, étaient sujets à ces
« formalités que Cicéron, en trois ou quatre
« endroits, appelle *piperies d'oiseleur,* disant que
« les jurisconsultes prenaient les pauvres con-
« tractans avec des syllabes, comme on prend les
« oiseaux à la glu ou au trébuchet. »

Dans les contrats qui se forment *verbis,* le consentement doit être exprimé par une solennité de paroles appelée *stipulation,* et se composant d'une interrogation de la part du créancier : *promettez-vous de me donner tant,* ou *telle chose ?* et d'une réponse de la part du débiteur : *je le promets*. Il fallait même, dans l'ancien droit, employer des paroles sacramentelles; mais l'empereur Léon en dispensa, et ne maintint des anciennes formalités de la stipulation que la nécessité de l'*interrogation* et de la *réponse*.

De la stipulation naît une action, mais non pas toujours la même, car c'est tantôt la *condictio certi*, et tantôt l'action *ex stipulatu* : la *condictio certi*, si l'obligation est déterminée ; l'action *ex stipulatu*, si l'obligation est indéterminée.

Dans quel cas l'obligation sera-t-elle donc déterminée ou indéterminée?

Elle sera déterminée, lorsqu'il apparaîtra *quid, quantum, et quale debeatur*. Ainsi l'obligation de livrer tel esclave, tel fonds, est déterminée.

Mais l'obligation de livrer cent amphores de vin de Falerne serait-elle déterminée ou indéterminée?

Il faut distinguer : si l'on avait simplement sti-

pulé cent amphores de vin de Falerne, ou même
de *bon* vin de Falerne, l'obligation serait indéterminée, parce qu'il y aurait incertitude sur la qualité du vin, attendu qu'il y a plusieurs qualités de
bon vin de Falerne, et que l'épithète de *bon* ne
s'applique à aucune de ces qualités déterminé-
ment, mais les embrasse toutes, au contraire,
dans sa généralité.

« Si quis stipulatus sit vini Campani amphoras
« centum, incertum videtur stipulari, quia bono
« melius inveniri potest; quo fit ut boni appel-
« latio non sit certæ rei significativa, cùm id quod
« bono melius sit, ipsum quoque bonum sit. »
(L. 75, § 2, *de verbor. obligat.* ff.)

Mais si l'on avait stipulé cent amphores du
meilleur vin de Falerne, ou, comme nous dirions
aujourd'hui, cent bouteilles de *Bordeaux*, *première qualité*, ou *Bordeaux-Laffitte*, la stipulation
serait déterminée.

« Certum est quod ex ipsâ pronunciatione appa-
« ret quid, quale, quantumque sit : ut ecce tritici

« Africi *optimi* amphoras modii centum , vini Campani *optimi* amphoras centum. (Ib., loi 74, § 1ᵉʳ.)

Tout l'intérêt de ces questions se réduit à savoir si l'on prendra , pour arriver à peu près au même but, telle voie ou telle autre, la *condictio certi* ou l'action *ex stipulatu* : chose fort importante, sans doute , pour le *plaideur* romain ; car, dans le système de la procédure romaine, toute méprise de sa part sur l'action à intenter aurait inévitablement entraîné la perte de son procès, quelque bon qu'il fût en soi. Mais toutes ces distinctions subtiles sont entièrement dépourvues d'utilité et d'intérêt aujourd'hui que, Dieu merci, ce bizarre système n'a plus aucun analogue dans notre droit : incapables par elles-mêmes de fournir aucun aliment à la raison, aucune lumière à l'intelligence, elles ne peuvent servir qu'à attester l'esprit étroit, minutieux, chicanier, qui avait présidé, chez les Romains, à l'organisation de la procédure, si habilement exploitée, comme on sait, par les patriciens, dont elle était l'œuvre intéressée. Sur quoi je demande quel grand besoin il y a de se remplir la tête de tant de subtilités ?

Il y a même quelque chose de fort singulier à remarquer : c'est que la distinction de déterminées ou indéterminées ne s'appliquait pas, à ce qu'il paraît, aux stipulations qui avaient pour objet des choses incorporelles, comme l'usufruit, la possession. Elles ne produisaient jamais que l'action *ex stipulatu* ou la *condictio incerti*, alors même qu'il s'agissait d'un fonds déterminé.

« Fundi *certi* si quis usumfructum stipulatus « fuerit, incertum intelligitur in obligationem « deduxisse. Hoc enim magis jure utimur. » (L. 75, § 3, *de verborum obligat.* ff.)

Les mots *certum, certi,* venant de *cernere, cerni, voir, être vu,* on n'avait pas cru, à ce qu'il paraît, pouvoir les appliquer à des choses qui ne tombaient pas sous les sens, *quæ non poterant cerni;* et ce serait encore là un exemple, entre mille, de l'excessive importance que les jurisconsultes romains attachaient aux mots et à leur étymologie.

En vérité, pour se fortifier l'esprit, ne vaudrait-il pas autant, et mieux peut-être, se nourrir des dissertations, souvent fort remarquables et presque toujours claires, de nos vieux jurisconsultes, roulassent-elles sur quelque article obscur et oublié de nos anciennes coutumes, que de s'appesantir sur toutes ces vieilleries surannées, et le plus souvent fort peu intelligibles, du droit romain?

Disons-le donc avec l'auteur du discours pour l'étude des lois : « Que ceux qui aiment et « désirent le bien de la jeunesse française « considèrent maintenant laquelle des deux « études lui serait le plus profitable : ou des « choses qui sont en usage commun dans la vie, « afin d'en pouvoir répondre et satisfaire quand « on en serait requis, ou bien des choses qui ne « sont non plus en usage que les façons de faire « de nos anciens Druides? »

II.

Mais voici qui est plus extraordinaire encore :

Peut-on stipuler d'une personne qu'elle nous donnera après sa mort?

Les jurisconsultes romains, sans qu'on sache trop pourquoi, n'admettaient pas qu'un contractant pût s'engager de manière à ce que l'obligation ne commençât que dans la personne de ses héritiers. Mais , dans l'espèce, l'obligation est à terme, car il est bien certain que le promettant mourra; or, le terme ne suspend pas *l'existence* de l'obligation, il en retarde seulement *l'exécu-tion;* l'obligation naît donc au moment de la stipulation, par conséquent, du vivant du promettant ; et, dès lors, on ne voit pas pourquoi elle ne passerait pas à ses héritiers. Mais, fût-elle conditionnelle , ce qui n'est pas, comme en matière d'obligations la condition accomplie a un effet rétroactif, qu'elle remonte au jour du contrat, l'obligation devrait encore passer aux héritiers du promettant, car elle serait censée, par suite de la rétroactivité de la condition, avoir pris naissance dans sa personne ; et, cependant, il en est tout autrement. »

« Post mortem suam dari sibi nemo stipulari « poterat, non magis quàm post ejus mortem à « quo stipulabatur. » (Instit. *de inutilibus stipulationibus*, § 15.)

2° Peut-on stipuler d'une personne qu'elle nous donnera *la veille de sa mort? Pridiè quàm morietur?*

Cette stipulation n'est pas *prépostère;* ce n'est pas comme si on avait dit : Promettez-vous de me donner *dix aujourd'hui*, si tel navire arrive *demain?* cas auquel l'obligation, d'après la stipulation, devrait s'exécuter avant de naître, ce qui n'est pas possible.

Dans la stipulation : *pridiè quàm morieris, dare spondes,* il n'y a rien de conditionnel, rien de prépostère ; car il est aussi certain que la veille de la mort du promettant arrivera, qu'il est certain que sa mort elle-même arrivera, et, par conséquent, l'obligation prend naissance au moment même de la stipulation. On ne voit donc pas pourquoi *l'exécution* n'en pourrait pas être demandée aux héritiers, quand la veille de la mort sera connue.

Et cependant les jurisconsultes romains décidaient tout autrement : « Sed et si quis ità stipu- « letur, *pridiè quàm moriar* vel *pridiè quàm morie-* « *ris, dare spondes ?* inutilis erat stipulatio. » (Ibid., § 13.)

3° Peut-on stipuler d'une personne qu'elle nous donnera, non plus après sa mort, ou la veille de sa mort, mais *au moment* de sa mort ?

On le peut, suivant les jurisconsultes romains, et on l'a toujours pu.

« Ità autem stipulatio concepta, veluti si Titius « dicat, *cùm moriar, dare spondes?* vel *cùm morie-* « *ris?* et apud veteres utilis erat, et nunc valet. » (Ibid., § 15.)

Ainsi les jurisconsultes romains validaient la stipulation : « Promettez-vous de me donner *lorsque vous mourrez ?* » et ils annulaient les deux autres : « Promettez-vous de me donner *après votre mort ?* Promettez-vous de me donner *la veille de votre mort ?* »

Quels avaient pu être leurs motifs ?

Ils annulaient la stipulation *post mortem dare spondes,* bien qu'évidemment elle fût à terme, parce qu'ils n'admettaient pas que l'engagement fût conçu de manière à ce que, d'après la lettre même de la stipulation, le créancier *ne pût intenter l'action* que contre les héritiers du promettant, et non contre le promettant lui-même, ce qui arriverait forcément dans l'espèce si la stipulation était valable, puisqu'elle ne pourrait s'exécuter qu'*après* la mort du promettant. Ils s'attachaient donc au moment, non pas de l'*existence* de l'obligation, mais de l'*exécution*.

Ils annulaient, par la même raison, la stipulation *pridiè quàm morieris, dare spondes ?* Promettez-vous de donner la veille de votre mort ?

car on ne peut connaître la veille de la mort qu'après la mort.

Mais pourquoi validaient-ils donc la stipulation : Promettez-vous de donner au moment de votre mort, *cùm morieris, dare spondes?* pourquoi; car si l'on est encore en vie au moment de sa mort, à plus forte raison l'est-on la veille? sans doute; mais le débiteur est encore là au moment de sa mort, on a la faculté, ne fût-ce que pendant un instant de raison, de s'adresser à lui; et il n'en fallait pas davantage, à ce qu'il paraît, pour lever les scrupules et satisfaire l'esprit subtil des jurisconsultes romains. Ainsi, pour eux, et cette explication est admise à l'école par l'un au moins des trois professeurs qui y enseignent le droit romain, la différence entre la stipulation *cùm morieris* et celle *pridiè quàm morieris dare spondes*, venait de ce qu'à la rigueur on peut, du vivant du débiteur, connaître qu'il est déjà au moment de sa mort, à l'agonie, bien qu'il vive, qu'il respire encore; tandis qu'on ne peut connaître la veille de sa mort qu'après sa mort même, car on ne peut savoir combien durera son agonie, le temps qu'il lui faudra pour mourir......, d'autant plus qu'il ne sera probablement pas disposé à y mettre beaucoup de bonne volonté....

Peut-on pousser plus loin, je le demande, l'abus des subtilités? et, cependant, nous allons en trouver de plus étonnantes encore, s'il est possible.

III.

Dans la loi 9, § 12, *de contrahendâ emptione*, on demande s'il y a vente dans le cas où quelqu'un a acheté du *vinaigre* pour du *vin*, du *plomb* pour de l'*argent*, de l'*airain* pour de l'*or?*

« Quæritur si in ipso corpore non erretur,
« sed in substantiâ error sit, ut putà, si acetum
« pro vino veneat, æs pro auro, vel plumbum pro
« argento simile, an emptio et venditio sit? »

Marcellus décide qu'il y a vente, et vente très-valable, parce que l'erreur porte, non pas sur le *corps même*, mais seulement *sur la matière.*

« Marcellus scripsit, libro sexto Digestorum,

« emptionem esse et venditionem, quia in corpus
« consensum est, etsi in materiâ sit erratum. »

Papinien, lui, au contraire, regarde la vente
comme nulle toutes les fois qu'il y a erreur sur
la matière; mais il n'admet cette décision à l'é-
gard du *vinaigre* acheté pour du *vin*, qu'avec une
distinction, que voici :

« Si ce vinaigre, dit-il, est du *vin qui a aigri*,
la vente est bonne, je l'admets, parce que la
substance est la même, « quia eadem propè οὐσία
id est, SUBSTANTIA est. » *Mais si c'est du vinaigre qui
n'a pas commencé par être vin*, qui a toujours été
vinaigre, la vente alors est nulle, parce qu'on a
vendu une chose pour une autre, « aliud pro
alio venisse videtur. »

« Ego, dit-il, in vino quidem consentio, quia
« eadem propè οὐσία, id est, *substantia* est, *si modò*
« *vinum acuit : cæterùm, si vinum non acuit, sed*
« *ab initio acetum fuit*, ut embamma, id est, *in-*
« *tinctus, aliud pro alio venisse videtur.* »

Mais, je le demande, qu'importe à l'acheteur
que le vinaigre qu'on lui a vendu pour du vin

fût, originairement et par essence, du *vinaigre*, ou que ce soit du *vin aigri?* n'est-ce pas absolument indifférent pour lui?

Le bon sens le plus vulgaire suffit donc pour rejeter la décision de Marcellus et la distinction de Papinien.

Et cependant combien ne trouve-t-on pas de décisions aussi peu sensées, disons le mot, dans un recueil qu'on nous représente sans cesse comme un chef-d'œuvre de raison, comme la *raison écrite?* Ne devrait-on pas désormais se contenter de dire simplement et plus modestement : *Ratio juris scripti*, au lieu de cette fastueuse qualification de *ratio scripta?*

IV.

Je vais citer encore un exemple qui ne le cède en rien aux précédens.

Il y a eu, entre deux personnes, vente et achat d'un objet que le vendeur et l'acheteur croyaient *d'or*, mais qui n'était, en grande partie du moins,

que du *cuivre*. Ulpien n'en décide pas moins que
la vente est valable, parce que, dit-il, il y a eu
aliquid auri, un peu d'or; n'y en eût-il qu'une
parcelle, cela suffirait; mais s'il n'y en avait pas
du tout, ce serait bien différent : la vente serait
nulle.

« Quid tamen dicemus, si in materiâ et qua-
« litate ambo errarent? ut putà, si et ego me ven-
« dere aurum putarem, et tu emere, cùm æs
« esset? ut putà, cohæredes viriolam quæ aurea
« dicebatur, prœtio exquisito uni heredi vendi-
« dissent, eaque inventa esset magnâ ex parte
« ænea? venditionem esse constat : ideò, quia
« auri aliquid habuit : nam si inauratum aliquid
« sit, licet ego aureum putem, valet venditio. Si
« autem æs pro auro veneat, non valet. » (L. 14,
de contrahendâ emptione, ff.)

Maintenant voici une autre décision :

« J'ai, par erreur, acheté de vous, comme étant
« d'argent massif, une table qui était simplement
« recouverte d'argent, ou, en d'autres termes,
« plaquée en argent. »

« La vente est nulle, dit Julien, et je pourrai
« répéter le prix que je vous ai payé. »

« Mensam argento coopertam mihi ignoranti
« pro solidâ vendidisti imprudens : nulla est
« emptio, pecuniaque eo nomine data condice-
« tur. » (L. 41, *de contrah. empt.*, ff.)

Il y a cependant *aliquid argenti ;* pourquoi donc,
quand il y a *aliquid auri,* la vente est-elle valable,
et ne l'est-elle pas quand il y a *aliquid argenti ?*

Pourquoi? voici la solution que Cujas et Pothier, qui, comme on va le voir, ne sont pas en
reste de subtilité avec les jurisconsultes romains,
s'accordent à donner :

C'est que, disent-ils : (je cite le texte même de
Pothier) « Inauratum hic accipi non id quod
« simpliciter coopertum ex auro, sed id quod
« aliquid auro immixtum vel infusum habet. Et
« sic non pugnat hæc lex cum lege 41, § 1ᵉʳ. »
Ce qui signifie qu'il n'y a pas de contradiction
parce que le *aliquid auri* de la loi 14 se trouve
dans la composition même de l'objet, *infusum,*
parce qu'il y est entré comme un de ses élémens

constitutifs, qu'il en est une partie intégrante ; tandis que le *aliquid argenti* de la loi 41 recouvre simplement l'objet, n'est que superposé et plaqué.

Je ne sais si cette conciliation sera jugée bien satisfaisante ; mais, quant à moi, elle me paraît tout-à-fait digne de la décision.....

V.

Les jurisconsultes romains discutaient aussi la question de savoir si, quand on avait acheté une femme comme *vierge*, et qu'elle ne l'était pas, la vente n'était pas nulle pour cause d'erreur *sur la substance*. (L. 11, § 1, *de contrah. empt.*, ff.), et d'autres questions non moins curieuses, qui ne seraient point ici à leur place.

Il en est une cependant que je ne puis passer sous silence ; elle tient de trop près aux mœurs des Romains, pour que je ne me fasse pas un devoir de rapporter les paroles mêmes du jurisconsulte qui se la propose.

Si la même femme, dit Ulpien, a été successivement la concubine de son patron, et du fils ou du petit-fils de ce dernier, ou, en sens inverse, en remontant, *je suis d'avis* que cela n'est pas *très-régulier.* « *Non puto eam rectè facere.* »

« Si qua in patroni fuit concubinatu, deindè « in filii esse cœpit, vel in nepotis, vel contrà, « non puto eam rectè facere. » (L. 1, § 3, *de concubinis,* ff.)

En présence de ces textes, et de ceux que je vais citer encore, n'ai-je pas le droit de m'étonner des éloges sans restriction prodigués au droit romain par des hommes dont le nom, sans doute, fait autorité, mais qui probablement l'admiraient d'autant plus, qu'ils le connaissaient moins.

Ainsi, par exemple, que penser de ce passage de Bossuet, tant de fois cité et reproduit depuis ?

« Si les lois romaines ont paru si saintes, que
« leur majesté subsiste encore malgré la ruine
« de l'empire, c'est que le *bon sens*, qui est le
« maître de la vie humaine, *y règne partout*, et
« qu'on ne voit nulle part ailleurs une plus belle
« application des principes de l'équité natu-
« relle. » (*Hist. universelle.*)

Je ne puis m'empêcher de le faire remarquer
ici et *j'insiste sur ce point :* les plus intrépides
apologistes du droit romain ne se sont jamais
donné la peine de citer aucun texte à l'appui des
louanges qu'ils lui ont décernées, louanges qu'il
leur était plus facile, apparemment, de prodiguer
que de justifier. Nous pouvons donc en faire abstraction; nous le devons même, car aujourd'hui,
Dieu merci, *l'on ne croit plus sur parole*, et la
raison publique, débarrassée des entraves qui en
avaient trop long-temps ralenti l'essor, a fait
enfin justice de la servile maxime : *ipse dixit*, le
maître l'a dit.

J'ajoute que le droit romain a dû, moins à la
reconnaissance de son mérite intrinsèque, qu'à

des circonstances qui y sont tout-à-fait étrangères, sa conservation et son influence.

« Aussi, disait Mirabeau, j'ignore s'il faut
« rendre grace à ces lois romaines, ou s'il ne faut
« pas se plaindre de leur empire sur la juris-
« prudence moderne. Dans les siècles de ténè-
« bres, ces lois ont été notre seule lumière;
« mais, dans un siècle de lumières, les anciens
« flambeaux pâlissent. Ils ne servent qu'à em-
« barrasser la vue, ou même à retarder nos pas
« dans la route de la vérité... Peut-être est-il
« temps que nous sachiens voir dans ces lois le
« génie d'un peuple qui n'a point connu les vrais
« principes de la législation civile, et qui a été
« plus occupé de dominer au dehors que de faire
« régner l'égalité et le bonheur dans ses foyers. »

Mais on ne se donne pas la peine de lire, on
se laisse emporter au torrent, et l'on admire
par tradition la jurisprudence romaine.

« .....Sans doute, comme le dit avec raison
« l'auteur de l'Essai sur la politique et la législ-
« lation des Romains, dans le nombre immense
« des légistes, il s'est trouvé des génies d'une ca-

« pacité distinguée ; ce serait une injustice que
« de refuser cet éloge à un Faber et à un Cujas.
« Mais, quand on connaît le cœur humain, on
« aperçoit aisément qu'il aurait fallu à ces savans
« un héroïsme surnaturel pour convenir de l'in-
« utilité minutieuse d'une science à laquelle ils
« avaient consacré leurs travaux, et sacrifié des
« occupations plus intéressantes et plus utiles.

« Ces hommes célèbres rendirent néanmoins
« un service important à la jurisprudence et aux
« autres sciences qui en dépendent, en démon-
« trant le cas qu'on devait faire des Barthole,
« des Baldus, et d'autres obscurs et insipides
« docteurs. »

Ce fut là , sans doute, un service; mais c'en
serait un encore plus signalé, peut-être, de montrer tout ce qu'il y a d'imaginaire dans la pré-
tendue sagesse de tant de jurisconsultes traditionnellement célèbres.

C'est ce que j'ai tâché de faire dans ce chapitre; et dans celui qui va suivre, je me flatte
d'en compléter la preuve.

CHAPITRE QUATRIÈME.

Les écrits des jurisconsultes romains, dépourvus de tout esprit philosophique, de toutes grandes pensées, sont pleins d'idées absurdes sur une foule de points, et des plus importans, sur le droit naturel, sur la nature et la destination de l'homme, sur la liberté, etc., etc.

Je vais, suivant ma méthode, le prouver par des exemples :

I.

On aurait peine à croire, si l'on n'avait pas le texte sous les yeux, quelle singulière idée Ulpien se faisait du droit naturel : c'était pour lui *le droit* (peut-on faire un plus grand abus de ce mot!) que la nature a enseigné à tous les êtres animés !

« Jus naturale est quod natura omnia animalia
« docuit. Nam jus istud non solùm humani gene-
« ris proprium est, sed omnium animalium quæ
« in cœlo, quæ in terrâ, quæ in mare nascun-
« tur.» (Instit., *de jure naturali*, princip.)

Ainsi , pour Ulpien, le droit naturel était le droit des oiseaux , des poissons, et des reptiles!

« L'idée du droit, dit Burlamaqui, *et plus en-*
« *core celle du droit naturel,* sont manifestement
« des idées relatives *à la nature de l'homme.* C'est
« donc de cette nature même de l'homme, de sa
« constitution et de son état, qu'il faut déduire
« les principes de cette science. »

« Ce n'est point sans surprise et *sans scandale*,
« dit Rousseau, qu'on remarque le peu d'accord
« qui règne sur cette importante matière entre
« les divers auteurs qui en ont traité. Les juris-
« consultes romains assujettissaient indifférem-
« ment l'homme et tous les animaux à la même
« loi naturelle, parce qu'ils considéraient plutôt,
« sous ce nom, la loi que la nature s'impose à
« elle-même, que celle qu'elle prescrit, ou plu-
« tôt, à cause de l'acception particulière selon
« laquelle ces jurisconsultes entendent le mot de
« loi naturelle, qu'ils semblent n'avoir pris que
« pour l'expression des rapports généraux éta-
« blis par la nature entre tous les êtres animés,
« pour leur commune conservation. Les mo-
« dernes, ne reconnaissant sous le nom de loi
« qu'une règle prescrite à un être moral, c'est-
« à-dire intelligent, libre, et considéré dans ses
« rapports avec d'autres êtres, bornent consé-
« quemment au seul animal doué de raison, c'est-
« à-dire à l'homme, la compétence de la loi na-
« turelle. »

Et c'est à juste titre ; car les animaux, étant

dépourvus de raison et de liberté, ne peuvent reconnaître et suivre cette loi.

II.

L'enfant d'une esclave est-il un fruit ?

Pour les jurisconsultes romains, qui considéraient un esclave comme un animal, comme une
bête de somme, et qui regardaient comme des
fruits les petits des animaux, il semble que cette
question n'aurait pas dû en faire une; et cependant ils décidaient que l'enfant de l'esclave, bien
qu'il suivît la condition de sa mère et qu'il fût
esclave comme elle, ne pouvait pas être considéré comme un fruit, parce qu'il eût été contraire à la *dignité* de l'homme, *absurde* même,
qu'un être pour lequel la nature a créé tous les
fruits fût lui-même considéré comme un fruit....

« In pecudum fructu etiam fœtus est, sicut lac,
« et pilus, et lana. Partus verò ancillæ *in fructu*

« *non est* : absurdum enim videbatur hominem
« in fructu esse, cùm omnes fructus rerum na-
« tura hominum gratiâ comparaverit. » (§ 27
des Institutes de Gaïus ; L. 28, *de usuris et fruc-*
tibus., ff.)

Admirable philanthropie !

Et nous trouvons dans la loi 24, *de evictionibus*
et duplæ stipulatione, qu'un esclave ne peut être
considéré comme l'accessoire d'une chose de peu
de valeur, parce que, entre autres raisons, ce
serait contraire à la *dignité* de l'homme, *propter*
dignitatem hominum !

III.

Un castrat peut-il adopter ?

Il ne le peut, disent les jurisconsultes romains, car un castrat ne peut pas engendrer :
or l'adoption est une image, une imitation, pour
me servir de leur expression, de la paternité na-

turelle. C'est une paternité fictive, *quæ naturam imitatur*. Or, si le castrat pouvait adopter, l'imitation serait imparfaite, l'image infidèle; on ne pourrait plus dire *adoptio naturam imitatur* : donc... etc.

Ainsi raisonnaient puissamment, comme on voit, les jurisconsultes romains, qu'on peut nous citer, si l'on veut, comme des modèles de logique, mais non pas, certes, de raison.

C'est par suite du même raisonnement qu'ils concluaient, avec tout autant de logique et aussi peu de raison, que pour pouvoir adopter un individu il fallait avoir dix-sept ans juste de plus que lui, parce que c'était l'âge de la pleine puberté..... comme s'il y avait rien de commun entre la génération, la puberté, et l'adoption !

Au surplus, ils ne trouvaient aucune difficulté à ce qu'un *spado*, un *impuissant*, pût adopter, quoiqu'il ne pût pas engendrer, par l'excellente raison, qu'il avait au moins *les organes de la génération !*

« Ii qui generare non possunt, quales sunt

« *spadones,* adoptare possunt , *castrati* autem non
« possunt. » (Inst. *de adoptione,* § 9.)

IV.

Un hermaphrodite, si tant est qu'il y ait jamais eu d'hermaphrodite, peut-il être témoin
dans un testament ?

Telle est la grave question que se propose le
jurisconsulte Paul, 1. 15, *de testibus,* § 1er, et qu'il
résout par une distinction qui a bien assurément son mérite, savoir par la prédominance d'un
sexe sur l'autre dans la personne de l'hermaphrodite, de telle sorte que le testament sera nul ou
valable, suivant que l'hermaphrodite aura les passions de l'homme, ou bien celles de la femme.
Le jurisconsulte s'en explique dans des termes
que l'on essaierait vainement de reproduire en
français :

« Hermaphroditus, dit-il, an ad testamentum

« adhiberi possit *qualitas sexûs incalescentis* os-
« tendit. »

V.

Enfin quelle magnifique opinion le savant jurisconsulte Paul et les autres jurisconsultes de
son temps n'avaient-ils pas de la fécondité des
femmes ? Combien ne devons-nous pas nous estimer heureux, aujourd'hui, de posséder les curieux et précieux renseignemens qu'ils nous ont
transmis à cet égard, et dont l'exactitude comme
l'utilité ne saurait être assurément révoquée
en doute et contestée, que par les contempteurs
du droit romain !

On va en juger par l'exemple suivant, que me
fournit une loi du Digeste :

Un homme meurt; il laisse un enfant, et sa
femme enceinte. Quelle part attribuera-t-on à
cet enfant dans la succession de son père?

12*

Le tout? c'est impossible ; car l'enfant dont la mère est enceinte aura, s'il naît viable, les mêmes droits que celui déjà né.

Rien du tout? c'est plus impossible encore; car, quoi qu'il arrive, il doit lui revenir une part.

Il semble, d'après cela, qu'il n'y a rien de mieux à faire que d'accorder provisoirement à l'enfant déjà né la moitié de la succession, et de mettre l'autre moitié en réserve pour l'enfant à naître.

Mais, pour les jurisconsultes romains du moins, la chose était loin d'être aussi simple qu'elle nous le paraît.

« Qui sait en effet, disaient ces graves et judi-
« cieux personnages, qui sait si la mère, au lieu
« d'un seul enfant, n'accouchera pas de deux?

« Si elle n'accouchera pas de quatre?

« Qui sait même si elle n'accouchera pas de sept enfans ?

« En effet, ajoutaient-ils, on rapporte plu-
« sieurs faits de ce genre, et des hommes du
« plus grand poids, *non leves*, racontent que,

« dans le Péloponèse , une femme est *cinq* fois
« accouchée de *quatre* enfans, *quinquies quaternos ,*
« (expression qu'un traducteur, dont je tais le
« nom, a rendue par *était accouchée de vingt en-*
« *fans !*) et qu'il arrive fréquemment, en Égypte,
« que des femmes accouchent de sept enfans
« en une seule fois. *Multas Ægypti uno utero*
« *septennos.* »

Il y a plus : Lælius a écrit qu'il avait vu une
femme amenée à Rome d'Alexandrie, pour être
présentée à Adrien, comme un phénomène apparemment, avec cinq enfans dont quatre étaient
nés de la même couche, et le cinquième..... qua-
rante jours après !

D'après cela, on conçoit la perplexité du jurisconsulte obligé de prendre parti sur la question
proposée, et l'espèce d'anxiété avec laquelle il se
demande : *Quid est ergò?* « Mais, dit-il , des lé-
« gislateurs, dont on ne saurait trop louer la pru-
« dence et la sagesse, ont fort judicieusement
« pris une espèce de juste milieu, de terme
« moyen, *medietatem quamdam,* et ils ont, en con-
« séquence, *posé en principe* qu'il fallait procéder

« comme si la mère devait accoucher de *trois*
« *enfans*, ni plus, ni moins, et par suite n'ac-
« corder provisoirement à l'enfant déjà né que
« le quart, et mettre les trois autres quarts en
« réserve pour ses trois frères futurs, » sauf à
revenir plus tard sur cette fixation provisoire si,
par hasard, la fécondité de la mère trompait, en
plus ou en moins, la singulière prévision de ces
législateurs.

Voici le texte; il est trop curieux pour que je
ne le cite pas tout entier :

« Antiqui libero ventri ità prospexerunt ut
« in tempus nascendi omnia ei jura integra re-
« servarent : sicut apparet in jure hereditatum,
« in quibus qui post eum gradum sunt agnatio-
« nis quo est id quod in utero est non admit-
« tuntur, dùm incertum est an nasci possit : ubi
« autem eodem gradu sunt cæteri quo et venter,
« tunc quæ portio in suspenso esse debeat, quæ-
« sierunt : ideò, quia non poterant scire quot
« nasci possunt : ideò, nam multa de hujusmodi
« re tam varia et incredibilia creduntur, ut fa-
« bulis adnumerentur. Nam traditum est, et

« quatuor pariter puellas à matrefamilias natas
« esse. Alioquin tradidère non leves auctores
« quinquies quaternos enixam Peloponesi : mul-
« tas, Ægypti, uno utero septennos. Sed et terge-
« minos senatores cinctos vidimus Horatios. Sed
« et Lælius scribit se vidisse in Palatio mulie-
« rem liberam, quæ ab Alexandriâ perducta est
« ut Hadriano ostenderetur, cum quinque liberis,
« ex quibus quatuor eodem tempore enixa, in-
« quit, dicebatur; quintum, post diem quadra-
« gesimum. Quid est ergò? Prudentissimè juris
« auctores medietatem quamdam secuti sunt, ut
« quod fieri non rarum admodùm potest intue-
« rentur : id est, quin fieri poterat ut tergemini
« nascerentur, quartam partem superstiti filio
« adsignaverint : τὸ γὰρ ἅπαξ, ἢ δὶς, id est, quod
« enim semel, aut bis existit (ut ait Theophrastus)
« παραϐαίνουσιν οἱ νομοθέται id est, prætereunt
« legislatores. Ideòque, etsi unum paritura
« sit, non ex parte dimidiâ, sed ex quartâ in-
« terim heres sit. » (L. 3, *Si pars hereditatis pe-
tatur,* ff.)

Il est juste cependant de faire suivre ce document d'un autre tout récent, qui certes n'aura rien d'étonnant après les récits bien autrement merveilleux que nous venons de rencontrer, mais qui pourra peut-être contribuer à en atténuer l'invraisemblance, sans justifier en rien, toutefois, la décision à laquelle ils ont servi de base.

On lisait dans le *Messager* du 19 septembre dernier.

« On écrit d'Écloo, 14 septembre : Notre ville
« vient d'offrir un exemple de rare fécondité ; l'é-
« pouse de M. Goethals de Renvel, âgée de trente-
« neuf ans, déjà mère de huit enfans, et qui, il y
« deux ans, a donné le jour à *deux enfans ju-*
« *meaux,* vient d'accoucher *de trois enfans du sexe*
« *féminin.* La mère et les enfans se portent à mer-
« veille ! »

Quoi qu'il en soit, que penserait-on aujourd'hui, je le demande, d'un législateur qui, à l'exemple de ceux dont le jurisconsulte Paul nous vante la sagesse, s'aviserait de considérer le fait extraordinaire dont il s'agit, en le supposant constant, comme formant *la règle,* et devant être érigé en présomption générale ?

Je termine ce chapitre par une citation qui peut en être considérée comme la conclusion.

« J'ai lu quelque part (a dit M. Garat, dont on me saura gré sans doute de citer ici cet apologue ingénieux, et à peu près inconnu) une petite histoire bien propre à nous faire sentir combien, en tout genre, pour nous garantir des erreurs anciennes, il est nécessaire d'aller aux sources mêmes. Voici cette histoire :

« Le sage Tenellefon cultivait les sciences naturelles dans la ville de l'Arabie où les enfans de la foi vont adorer le tombeau du Prophète. Il avait connu toute la philosophie grecque dans ces traductions de Platon et d'Aristote faites par ordre des premiers califes. Mais, comme il n'avait pas lu sans réfléchir, il avait appris à mépriser également et le culte des califes et la philosophie des Grecs. Tenellefon ne cachait pas ce qu'il pensait ; mais il ne le disait qu'à demi ; sa pensée, enveloppée de voiles transparens, en devenait plus piquante, comme un rayon du soleil devient plus brillant dans le nuage léger qui l'intercepte. Il était exact à se rendre à la mosquée, et regardait souvent le tombeau de Mahomet suspendu à la voûte par des liens invisibles : les fidèles croyaient qu'il admirait comme eux le miracle du prophète, et le sage Tenellefon n'admirait que le prodige de l'aimant. Il rencontrait souvent dans le temple le jeune Oreb, Oreb dont l'imagination enflammée par les discours des pontifes tournait vers les choses célestes toute la sensibilité de son âge. Ce jeune enfant du Prophète errait jour et nuit autour de la mosquée, les yeux tantôt humides des larmes si douces de la foi et de l'espérance, tantôt l'œil inquiet et incertain, l'air rêveur, le front pensif. Il aborde un jour Tenellefon, et lui parle en ces mots : O Tenellefon, ta sagesse est célèbre dans l'Orient; tu ne lis pas, il est vrai, comme Ziaphar, les décrets éternels sur la poitrine du divin prophète; mais tu nous fais voir la puissance et la sagesse de l'Être suprême dans l'harmonie des mondes semés autour des soleils, dans l'architecture merveilleuse de ces corps organisés un moment pour recevoir le souffle éternel du sentiment et de la pensée. O Tenellefon! viens au secours de ma foi ébranlée : j'ai

quelquefois des doutes, et j'en suis trop puni ;
je perds alors ces douces et puissantes émotions
d'espérances et d'amour qui semblent me ravir
au milieu des chœurs des séraphins. Les prêtres
du temple me parlent; mais ils sont trop
sublimes pour ma faible intelligence. Parle-
moi, toi, dont la raison sait traduire les choses
les plus divines dans la langue de l'homme.
Tenellefon répond à Oreb : O bon jeune homme,
ne renonce pas à ta raison pour écouter celle d'un
homme : c'est le flambeau que Dieu t'a donné;
ne viens pas l'éteindre aux pieds d'un faible mor-
tel qui n'a pas à t'offrir une autre lumière. Si
tous les hommes se servaient de leur raison, il y
aurait sur la terre autant de flambeaux que
d'hommes, et la terre serait éclairée. Mais personne n'ose consulter sa propre raison; chacun
se fait un devoir ou une habitude d'écouter celle
des autres, et alors personne n'en a ; tous les
flambeaux sont éteints à la fois, la terre est dans
les ténèbres. Aimable Oreb, ton ame est pure,
ton esprit doit être sain; lis bien l'Alcoran, et
tes doutes se dissiperont. Oreb prend l'Alcoran; il
le lit avec toutes les forces de son attention fixée

sur le texte mystérieux; et les doutes semblent sortir en plus grand nombre encore de chaque verset qu'il a lu. Il frémit; il se croit coupable, il croit voir déjà le glaive exterminateur sur sa tête. O Tenellefon, tu m'as trompé : j'ai lu l'Alcoran, et j'ai plus de doutes que jamais : jamais je ne fus plus malheureux. Que ferai-je? — Lisez l'Alcoran, lui répond Tenellefon avec tranquillité. Oreb reprend l'Alcoran, il le lit, il le relit encore; et bientôt les orages de son esprit se taisent; tranquille, il va retrouver Tenellefon. C'en est fait, lui dit-il, je n'ai plus de doutes, ils sont tous dissipés; *je ne crois plus du tout à l'Alcoran.* — Je vous disais bien, lui répond Tenellefond, de lire l'Alcoran, et que vous n'auriez plus de doutes. »

Il semble qu'il y ait bien loin des lois romaines à une histoire orientale, et que c'est là un terrible écart; mais toutes les erreurs de l'esprit humain se ressemblent assez; il n'y a pas si loin du respect superstitieux de l'Alcoran au respect superstitieux pour les lois romaines; et je dirais volontiers à ceux qui ont des doutes sur la sagesse de ces lois : *Lisez les lois romaines.*

Il faudrait avoir une foi bien robuste, en vérité, pour croire encore, après cela, à l'excellence de la législation, et au grand sens de la jurisprudence romaine.

Au surplus, aujourd'hui, lois, usages, institutions, tout est changé et renouvelé ; et ce qui a pu être excellent pour l'ancienne Rome ne serait, en tout cas, pour nous, qu'un héritage de *vieilles reliques,* pour me servir de l'expression fort juste d'un ancien auteur.

C'est ce que j'établirai dans les trois chapitres suivans.

CHAPITRE CINQUIÈME.

LES lois, les usages, les institutions, qui ont donné naissance au droit romain, et dont il n'est que le développement et l'application, peuvent sans doute se comprendre et se justifier *historiquement*, si l'on se reporte à l'époque et à l'ordre de choses qu'ils étaient destinés à régir ; mais il en est bien peu, si même il en est, qui puissent se justifier *en raison*, et qu'on osât pro-

poser sérieusement à un législateur moderne,
de s'approprier et de transporter dans ses lois.

Je n'en veux pour preuve que ce perpétuel
conflit du droit civil et du droit prétorien, que
nous retrouvons à chaque instant et partout,
et qui nous montre le préteur, tantôt donnant
de la force à un acte auquel le droit civil n'en
reconnaissait aucune, tantôt dépouillant de toute
son efficacité un acte parfaitement valable en
droit civil et conforme à toutes ses prescriptions.

J'en vais citer quelques exemples.

I.

D'après le droit civil, l'émancipation privait
l'émancipé de la succession de son père. Eh bien!
le droit prétorien, respectant en apparence cette
disposition du droit civil, accordait à l'émancipé,
non pas la *succession*, mais *la possession des biens*,
c'est-à-dire la même chose sous un autre nom;

et il arrivait ainsi à peu près au même résultat,
par un simple changement de mots.

« Quant au droit de succession, dit M. Trop-
« long (Préface de la Vente), ce qui frappe
« d'abord dans le droit antéjustinien, c'est la
« confusion qu'y jette l'obligation que s'étaient
« créée les préteurs et les prudens de tout rat-
« tacher à la loi des douze Tables, tout en la
« détruisant pièce à pièce. Des dérogations suc-
« cessives viennent fausser à tout moment les
« règles qu'on feignait de respecter, et leur sub-
« stituer des principes nouveaux, manquant
« d'homogénéité et d'ensemble. Tous ces efforts
« pour augmenter le nombre des héritiers *siens*
« par des analogies, pour faire passer dans la
« classe des agnats des personnes qui originai-
« rement n'y appartenaient pas, comme la mère
« et ses enfans et petits-enfans, *pour assurer des*
« *droits à la classe des cognats,* que la loi des
« douze Tables repoussait avec dureté, toutes
« ces tentatives annoncent, sans aucun doute,
« de grandes améliorations de détail; mais le
« système était un dédale. »

« Voilà , dit Hotman après avoir exposé le
« système de successions des Romains, la belle
« assurance et doctrine qui se trouve ès-livres
« de Justinien pour le regard du droit des
« successions, laquelle je requiers ceux qui
« ont toujours en la bouche l'excellence, la
« sapience et la dignité du droit des Romains,
« de considérer, afin qu'après avoir tant prisé
« et recommandé leur marchandise, ils ne nous
« pensent faire prendre du strin pour du dia-
« mant, ou pour une perle orientale.

« ..... Joint qu'il est aisé, par ce qui a été
« dit, de juger et de l'assurance de telles lois,
« et de la facilité de l'étude et discipline d'i-
« celles : vu qu'au lieu de comprendre la loi
« des successions directes ou traversières en
« trois ou quatre petits articles, l'on est con-
« traint de se rompre le cerveau et l'entende-
« ment à rechercher tout ce long discours des
« plus anciennes lois, épars et écarté en tant
« d'endroits, et bien souvent enveloppé de sub-
« tilités et questions épineuses qui ne servent
« qu'à gêner les esprits et entendemens des pau-

« vres étudians. Mais l'autre plus grand malheur
« est encore en ce que, après s'y être bien
« rompu la tête, on trouve qu'en la plupart de la
« France, le droit et usance des successions est
« tout différent..... »

II.

Si, par violence, vous m'aviez forcé à con-
tracter envers vous une obligation, je serais
lié, d'après le droit civil. J'aurais beau alléguer
devant le juge, et offrir de prouver que je n'ai
pas agi librement, que je n'ai fait que céder à
des actes de violence, il me répondrait qu'il
n'est pas chargé d'examiner *pourquoi* je me suis
engagé, mais *si* je me suis engagé; *pourquoi j'ai
voulu*, mais *si j'ai voulu* : et il me condamnerait.

« Si metu coactus, aut dolo inductus, aut er-
« rore lapsus, stipulanti Titio promisisti quod
« non debueras promittere, palàm est jure civili
« et obligatum esse : et actio quà intenditur

« dare te opportere efficax est. » (Inst., *de excep-*
tionibus, § 1er.)

Mais le préteur, qui trouvait avec raison ce résultat inique, en donnant au juge l'ordre de condamner si l'existence de l'obligation était prouvée, y ajoutait cette restriction : « *A moins que le*
« *consentement du défendeur n'ait été extorqué par*
« *violence.* » C'est ce qu'on appelait l'exception
quod metûs causâ. Ideòque datur tibi exceptio quod
metûs causâ. (Ibid.)

Il en était de même, en cas de dol ou d'erreur.
Le préteur accordait l'exception *doli mali , aut*
in factum composita ad impugnandam actionem.
(Ibid.)

III.

Peut-on établir une servitude à terme ou sous
condition?

Personne aujourd'hui, je crois, n'hésiterait à

répondre affirmativement à cette question. Mais voici comment raisonnaient le droit civil et les jurisconsultes, ses fidèles interprètes.

La servitude est une qualité du fonds, comme l'aridité, la fertilité naturelle du sol. Or ces qualités sont tellement identifiées avec le fonds, qu'elles ne font qu'un avec lui. Conséquemment une servitude, étant réputée une qualité propre du fonds, ne peut pas davantage y être attachée pour un temps seulement, ou sous condition.

« Servitutes ipso quidem jure neque, ex tem-
« pore, neque ad tempus, neque sub conditione,
« neque ad certam conditionem (verbi gratià,
« *quamdiù volam*) constitui possunt. »

Mais lorsqu'il y avait un terme ou une condition stipulée, le préteur intervenait et faisait respecter l'intention des parties par son moyen habituel, c'est-à-dire par une exception, par l'exception *doli vel pacti.*

« Sed tamen si hæc adjiciatur, per pacti vel
« doli exceptionem occurretur contrà placita ser-
« vitutem vindicanti. » (L. 4, *de servitutibus,* ff.)

IV.

J'ai stipulé de vous que vous me paieriez 1,000 fr. chaque année, ma vie durant. Mes héritiers pourront-ils vous demander après ma mort, je ne dis pas le paiement des arrérages échus au moment de mon décès, ce qui va de soi, mais la continuation de la rente ; en un mot, agir comme si la rente était perpétuelle.

La question elle-même paraît absurde ; et, cependant, le § 3, aux Instit., *de verb. oblig.*, la décide affirmativement.

« Atsi ità stipuleris : *Decem aureos annuos quoàd* « *vivam, dare spondes ?* Et purè facta obligatio « intelligitur, et perpetuatur, quia ad tempus « non potest deberi. »

Ainsi, d'après le droit civil, le juge aurait dû condamner le débiteur à servir la rente aux héritiers. Pour empêcher que l'intention des parties ne fût aussi ouvertement méconnue et

violée, il fallait que le préteur accordât au débiteur une exception tirée des termes de la convention, de ces mots : *Quoàd vivam. Sed heres pe-
tendo pacti exceptione submovebitur.*

De là, la nécessité de distinguer les moyens
d'éteindre les obligations *ipso jure* (*ipsum jus*
était le droit civil), tels que le *paiement,* la *nova-
tion,* l'*acceptilation,* qui, reconnus par le droit
civil, pouvaient être allégués devant le juge et
accueillis par lui, quoique la formule délivrée
par le préteur n'en fît aucune mention, et
d'autres moyens d'éteindre les obligations *ex-
ceptionis ope,* qui, inconnus ou plutôt contraires au droit civil, et n'ayant leur source que
dans le droit prétorien, ne pouvaient être pris
en considération par le juge qu'autant que le préteur l'y avait autorisé dans la formule, en y in-
sérant une exception.

Le droit civil était donc, si je puis sans trop
de licence me servir ici de cette métaphore

empruntée après tout à Voltaire, le droit civil, dis-je, était un corps robuste peut-être, *mais couvert de plaies sur lesquelles les préteurs s'appliquaient continuellement à mettre des emplâtres.*

Sans doute cette marche du droit prétorien, quelque étrange qu'elle paraisse, peut, je le sais, s'expliquer et se justifier historiquement, d'un côté, par l'attachement superstitieux des Romains pour leur antique législation, qui tenait intimement à leur origine nationale, si chère à leur orgueil ; d'un autre côté, par la nécessité d'adoucir, à l'aide de tempéramens d'équité, la rigueur presque sauvage d'une législation vieille et stationnaire, qu'il devenait, de jour en jour, plus difficile de plier et d'appliquer aux mœurs nouvelles.

De nos jours encore, je le sais, il se voit quelque chose d'analogue dans un pays voisin du nôtre et chez un peuple renommé pour sa civilisation et ses lumières ? L'Angleterre aussi a des institutions et une législation séculaires, empreintes du génie barbare et féodal des temps qui les ont vues naître. Et cependant, le peuple anglais, dont les mœurs ont subi depuis de si notables modifications, conserve toujours ces vieilles lois, ces antiques institutions, quoique inapplicables et surannées; il aime mieux se résigner à les enfreindre, à les éluder, et les laisser tomber lentement en désuétude, que les abroger, parce qu'il y voit encore un monument primitif que le génie national se plaît à entourer de son respect et de sa vénération (1).

Mais il n'en est pas moins vrai que cette marche elle-même du droit prétorien est la censure la plus énergique, la condamnation la plus éclatante du droit civil, et la preuve la plus irréfragable de ses imperfections et de ses vices; vices et imperfections dont elle n'était que la conséquence, et, en quelque sorte, le palliatif.

Ensuite sans parler de l'extrême bizarrerie des moyens, ou, pour mieux dire, des *expédiens* ima-

______

(1) C'est un point de vue qu'a fort bien fait ressortir M. Monseignat dans une série d'articles sur la législation anglaise, qu'il a publiés dans *le Droit*.

ginés par les préteurs, qui ne voit qu'il y avait là un immense désordre législatif, une anomalie choquante, un arbitraire des plus abusifs? De là vint qu'on fut obligé de prendre des mesures pour mettre un frein à la partialité des préteurs, qui, appartenant à la caste des patriciens, se servaient de leurs édits pour favoriser, aux dépens de la masse des citoyens, les intérêts privilégiés de leur ordre, et aussi pour satisfaire leurs haines, leurs vengeances, ou leurs affections particulières, tellement qu'ils ne se faisaient pas scrupule de modifier et de changer, dans le courant de l'année, leur propre édit, au gré de leurs passions ou de leurs vues intéressées, en considération de tels ou tels, πρὸς τὴν ἔχθραν καὶ χάριν τινῶν, pour me servir des expressions textuelles de Dion-Cassius.

Assurément personne, aujourd'hui, ne serait tenté de défendre et de préconiser, comme principe et comme système, un pareil état de choses. Qui pourrait se faire à l'idée de magistrats prenant à tâche de fausser et d'éluder, par de grossiers subterfuges ou de subtils détours, les lois dont ils seraient chargés de faire ou de surveiller l'application; de magistrats s'érigeant en quelque sorte, de leur propre autorité, en arbitres et en réformateurs suprêmes de la législation; et, tout en affichant pour elle un respect *officiel* et mensonger, substituant *de fait* leurs volontés arbitraires et capricieuses aux prescriptions souveraines, aux volontés immuables du législateur ?

Voilà cependant le spectacle que nous offre le droit prétorien dans sa lutte incessante et acharnée avec le droit civil, qu'il finit aussi, à force d'empiétemens et d'usurpations successives, par anéantir et par absorber.

« Chez tous les peuples qui ont fait quelques
« pas vers la civilisation, a dit M. Garat avec au-
« tant de raison que d'éloquence, un juge n'est
« jamais que l'organe du législateur. A Rome,
« après qu'on est allé avec tant de pompe et
« tant d'appareil chercher des lois dans toutes
« les républiques de la Grèce, à Rome où deux
« puissances législatives, le peuple et le sénat,

« sont occupées chaque jour à faire de nouvelles
« lois, chaque préteur juge la république entière
« par ses fantaisies. En montant sur le tribunal,
« il y suspend, sur des tables blanches, un code
« qu'il a gravé lui-même ; et les lois des Douze
« Tables, gravées au nom de la république sur
« l'airain, restent muettes au Capitole comme
« l'airain qui les conserve. Ces législations an-
« nuelles, ainsi que les appelle Cicéron (*lex an-*
« *nua*), changent tous les ans comme les pré-
« teurs. Tous les ans, de nouveaux codes sont
« suspendus sur les murs des tribunaux ; et la ré-
« union de ces lois, nécessairement si diverses
« dans leurs vues, si contradictoires dans leurs
« principes et dans leurs dispositions, forment
« cette partie du droit romain, estimée, admirée
« sous le nom de droit prétorien.

« Dans cette ville dévorée de l'ambition de
« donner des lois au monde, tout semble être dé-
« voré de l'ambition d'être législateur. Les pré-
« teurs ont usurpé le pouvoir législatif sur le lé-
« gislateur, etc. Bientôt on voit paraître des
« hommes qui l'usurpent sur le législateur et

« sur les préteurs; ce sont les jurisconsultes
« appelés prudens, *prudentes.* »

Disons-le donc : quelque opinion qu'on ait des
travaux des jurisconsultes de Rome, on est forcé
du moins de reconnaître et de confesser que
nous n'avons rien à envier, rien à emprunter à
ses institutions et à sa législation. Ses lois, ses
institutions politiques et judiciaires, boulever-
sées d'ailleurs par tant de vicissitudes et de ré-
volutions diverses qui les ont rendues presque
méconnaissables, bonnes peut-être pour leur
temps, ne sont plus aujourd'hui, pour nous,
que des monumens surannés, que les débris d'un
état social usé, et d'ailleurs factice et oppressif;
que les derniers vestiges enfin d'un passé qui
n'a plus d'analogue chez nous, ni même dans
les sociétés modernes en général.

Après tout, je le demande, pouvait-il en être
autrement? Non, sans doute; car qu'est-ce que
le droit, sinon l'expression de la civilisation de
chaque peuple, de chaque époque, la règle des
rapports, des besoins, que l'organisation sociale

et les mœurs y ont produits et développés, le résultat enfin d'une multitude de faits, d'accidens divers, imprévus, qui ne sauraient se reproduire, et qui n'en ont pas moins été la cause ou l'occasion d'une foule de dispositions et de décisions dans lesquelles, évidemment, on ne peut voir que des nécessités de circonstance, que des conséquences fatales, en quelque sorte, d'une cause fortuite et aveugle ; ce qui n'empêche pas qu'elles n'occupent une place immense dans la législation et dans le droit.

« Tous les hommes savans, dit Hotman, ont
« de tout temps, approuvé cette maxime, que
« les lois d'un pays doivent être accommodées à
« l'état et forme de la république, et non la ré-
« publique aux lois. Les lois qui sont propres à
« une république populaire et sont accommodées
« à l'état et forme d'icelle, sont, pour la plupart,
« inutiles à un royaume, comme l'habillement
« d'un bossu à un homme droit.

« Aussi toutes les fois qu'en une république
« il est advenu changement d'état, l'on a aus-

« sitôt changé de lois, statuts et ordonnances.
« L'exemple se peut voir en l'histoire de
« Rome. »

La raison et la nature des choses elle-même
indiquent donc clairement qu'il ne peut pas ne
pas y avoir entre le droit romain et le droit français, considérés dans leur ensemble, les mêmes
différences et les mêmes contrastes qu'entre la
société romaine et la nôtre.

Ces différences et ces contrastes, quelque
saillans qu'ils soient pour le *droit privé*, le sont encore plus cependant pour le *droit public* et pour
le droit criminel;

C'est ce que je démontrerai dans les deux chapitres suivans, en m'attachant particulièrement
aux principes fondamentaux.

CHAPITRE SIXIÈME.

DROIT PUBLIC.

I.

QUELLE idée les jurisconsultes et les empereurs romains, même les plus estimés, se faisaient-ils de la liberté ?

Comment la définissaient-ils ?

« Naturalis facultas ejus quod cuique facere
« libet, nisi si quid vi aut jure prohibetur. (Inst.
« *de jure person.*, § 1er.)

« Le droit de tout faire, tout, excepté ce dont
« on est empêché par la force ou par la loi. »

Et la loi c'était pour eux la volonté du prince!

Admirable définition, sans doute, à l'aide de
laquelle le plus despote des souverains pourrait
démontrer à ses sujets qu'ils sont les plus libres
des hommes!

Que si l'on prétendait, comme on le pourrait
peut-être avec quelque raison, que cette définition, étrangère au droit public, n'a trait qu'à la
liberté civile; qu'elle ne tend qu'à établir une
ligne de démarcation entre l'homme libre et
l'esclave, il serait facile de citer d'autres textes
qui ne laissent aucune équivoque.

A cet égard, reportons-nous d'abord à un
texte des Institutes de Justinien, dont on a coutume de citer avec trop d'éloges une certaine
phrase pour que je puisse la passer sous silence;
c'est le § 8 , aux Institutes : *Quibus modis
testamenta infirmantur.*

Le testateur a la plus grande latitude pour le

choix d'un héritier. Cependant si, ayant un procès, il instituait le prince pour donner par là un adversaire puissant à la partie contre laquelle il plaide, Pertinax déclare qu'il n'acceptera pas l'institution.

« Eâdem oratione expressit non admissurum
« se hereditatem ejus qui litis causâ principem
« reliquerit heredem. »

Il y avait, à ce qu'il paraît, des princes qui trouvaient toujours bons les testamens dans lesquels ils étaient institués. Pertinax dit qu'il n'abusera pas, lui, de son autorité pour valider un testament nul dans lequel il se trouverait institué, et qu'il ne profitera même d'aucune disposition qui ne serait pas légale, *cui juris auctoritas desit.*

« Neque tabulas non legitimè factas, in qui-
« bus ipse ob eam causam heres institutus erat
« probaturum; neque ex nudâ vocâ heredis no-
« men admissurum, neque ex ullâ scripturâ cui
« juris auctoritas desit aliquid adepturum. »

Plusieurs décisions ont été rendues en ce sens

par les princes postérieurs, et notamment par Sévère et Antonin, qui ajoutent (c'est là la phrase en question) : « *Licet enim legibus soluti* « *sumus, attamen legibus vivimus.* » Quoique les lois ne nous obligent pas, cependant nous conformons notre conduite aux lois.

Qu'on loue, si l'on veut , ces princes de ce que, se regardant comme au dessus des lois, ils daignent cependant s'y conformer, à la bonne heure. Mais il n'en est pas moins vrai qu'ils professent là, ouvertement, la doctrine du pouvoir absolu ; et, malheureusement , on ne voit pas que cette doctrine ait jamais trouvé de contradicteurs parmi les jurisconsultes romains, qui répètent sans cesse, comme un axiome à l'abri de toute contestation, que la volonté du prince fait loi, « *quod princeps vult legem esse constat.....* « *quod principi placuit legis habet vigorem.* »

Aussi Justinien nous déclare-t-il, dans sa troisième préface du Digeste, que cette doctrine n'est pas seulement la sienne, mais qu'elle est celle *omnium juris conditorum qui olim claruerunt.*

« Or, comme l'a très-bien dit Rousseau, quelle
« que puisse être la constitution d'un gouverne-
« ment, s'il s'y trouve un seul homme qui ne soit
« pas soumis à la loi (et, à plus forte raison,
« dont la volonté fasse loi), tous les autres sont
« nécessairement à la discrétion de celui-là. »

Je sais que, parmi les jurisconsultes romains,
il en est un, un seul, qui a fait preuve d'une fer-
meté stoïque, et qui s'est honoré par une réponse sublime qui lui coûta la vie : c'est Papinien. Caracalla, ayant trempé ses mains dans
le sang de son propre frère, pressait Papinien
de lui composer un discours pour justifier ce
meurtre devant le sénat. Papinien lui dit pour
toute réponse : « Il est plus aisé de commettre
« un fratricide que de le justifier, » et il aima
mieux mourir que de se déshonorer.

Mais, à l'exemple des autres jurisconsultes de
son temps, ce même Papinien ne faisait aucune
difficulté, dans ses écrits, de reconnaître au prince
un pouvoir absolu, ou du moins on ne voit pas
qu'il ait jamais émis une opinion contraire.

Je sais aussi que les jurisconsultes romains font dériver la puissance souveraine et illimitée du prince d'une délégation du peuple, ou plutôt d'un abandon de ses droits; d'où l'on a cru pouvoir conclure que tout le droit romain était fondé sur *la souveraineté du peuple.*

« Sed et quod principi placuit legis habet « vigorem; cum lege regià, quæ de ejus imperio « lata est, *populus ci et in eum omne imperium* « *suum et potestatem concedat.* » (Instit. *de jure naturali,* § 6.)

« Cum enim lege antiquà, quæ regia nuncu- « pabatur, *omne jus omnisque potestas populi ro-* « *mani in imperatoriam translata sunt potestatem.*» (1re préf. du Digeste, § 7.)

Mais qu'on ne s'y trompe pas : d'une part, ce n'était là, pour eux, que l'expression d'un *fait,* et non l'énoncé d'un *principe;* d'autre part, qu'y a-t-il de commun entre la théorie moderne de la souveraineté du peuple, d'après laquelle le droit de l'universalité ne peut jamais être aliéné et transmis à un seul, et la doctrine des jurisconsultes romains, qui ne faisaient aucune difficulté de regarder le prince comme légalement substitué au peuple, comme réunissant tous les droits dans sa personne? Inconcevable fiction, en vérité, qui attribuait à un homme, fût-il le plus méchant et le plus inepte de tous les hommes, la sagesse et la raison d'un peuple, et qui, l'investissant d'un pouvoir sans bornes comme sans responsabilité, créait de la sorte, à son profit, l'infaillibilité de la tyrannie !

Et c'est précisément là, qui le croirait ? ce qui excitait l'admiration, je dirais presque la reconnaissance d'un savant apologiste du droit romain, d'Henrys, qui s'exprime ainsi :

« Tous nos rois ont toujours considéré le
« droit romain comme le droit fondamental de
« leur royaume, et avec raison ; *car c'est* véri-
« tablement une *loi monarchique ; elle donne au*
« *prince un pouvoir absolu sur les personnes et les*
« *biens de ses sujets ;* elle punit avec une sévérité
« extraordinaire la fureur de ceux qui osent

« attenter à sa personne, ou entreprendre sur
« son autorité ; *elle étend même la peine sur les*
« *enfans du coupable ; cette loi a mis entre les*
« *mains du prince tout le pouvoir du peuple ;* elle
« déclare qu'à lui seul appartient de faire les
« lois et de les interpréter..... etc. »

Aussi l'un des romanistes modernes les plus
estimables, M. Warnkoenig, a-t-il fait la remarque que l'établissement de la législation romaine
fut loin d'être salutaire au développement des
institutions qui garantissent la liberté politique.

Il faut le reconnaître, il n'existait chez les anciens aucune idée d'un système représentatif
quelconque ; on n'y en trouve aucune trace, aucun
vestige : le peuple agissait par lui-même, tant
qu'il était libre ; et, quand il perdait sa liberté,
il était remplacé par un maître, et subissait le
joug.

Il y a plus : à vrai dire, l'idée du progrès
n'existait pas pour les anciens ; ils tenaient avant
tout à la conversation des formes premières, à

l'observation des usages antiques, alors même
que la cause en avait cessé; en un mot, tout changement était pour eux une altération, une dé-
génération , et l'immobilité sociale et politique
semblait être le fond de leurs idées.

Certes, aujourd'hui que le ministère de l'avocat a grandi avec nos institutions, qu'il n'est plus
borné, Dieu merci, à la défense des intérêts pri-
vés, du mur ou du fossé mitoyen, que les grandes questions du droit public sont entrées dans
son domaine, que nos libertés les plus précieuses
elles-mêmes, liberté de conscience, liberté de
parler, liberté d'écrire , sont placées sous son
patronage et réclament son appui , aujourd'hui,
dis-je, il est permis, sans doute, de regarder
avec quelque dédain un recueil où sont entassées
les maximes les plus serviles, où rien de ce qui
s'y trouve ne révèle une pensée généreuse, un
principe de liberté, et qui, pour tout ce qui
concerne le droit public et les institutions politiques, est aussi en arrière des idées actuelles,
que les siècles auxquels il appartient sont
loin du nôtre.

Quant aux détails, il me suffira de dire qu'il n'y a entre les magistratures romaines, entre les fonctions publiques, soit de la république, soit de l'empire, soit même du bas-empire, aucune espèce d'analogie possible avec ce qui existe aujourd'hui.

D'ailleurs la connaissance de ces magistratures et de ces fonctions, qui ont eu tant de phases diverses et subi tant de variations, ne se peut acquérir dans les livres de Justinien, attendu, comme le dit Hotman, « qu'ils ne contiennent « aucun discours ni déduction entière, ni de « l'état de la liberté populaire, ni de l'état de « l'empire vraiment romain, ni de celui de Con- « stantinople..... Les reliques de cette partie du « droit nous sont demeurées si légères et si pe- « tites qu'il n'est possible d'y asseoir aucun fon- « dement...... »

« Ce ne sont que petites rognures, taillons « et échantillons, un amas rassemblé de tant de « petites pièces et lopins, tous différens, et « assemblés si piétrement et de si mauvaise

« grace, que non seulement on n'y a, par
« ci-devant, rien entendu, mais aussi, mainte-
« nant que les bonnes lettres sont rétablies,
« on n'en peut entendre que le tiers. »

« C'est comme si maintenant l'on voulait nous
« faire comprendre l'artifice et façon de ce
« grand navire des anciens Argonautes par quel-
« ques petites pièces rompues qui en reste-
« raient. »

Aussi, Hotman ajoute-t-il que, pour le regard des magistrats romains, l'on en appren-
dra plus en un an, par la lecture des historiens
grecs et latins, et avec plus grand plaisir et con-
tentement mille fois, que l'on ne fera en six par
les tronçons et lopins qui nous en sont restés
ès-livres de Justinien.....

« Tellement que c'est une grande moquerie
« de dire qu'il faille lire les livres de Justinien
« pour connaître l'histoire ; car, tout à re-
« bours, il est force de savoir l'histoire pour les
« entendre, et encore avec fort grande diffi-

« culté et même usant souventes fois plutôt
« de conjectures que de fondemens certains
« et assurés (1). »

(1) J'ai cité avec plaisir plusieurs passages de l'opuscule
d'Hotman, et ce sont les seuls, à vrai dire, qui m'aient
paru avoir de la valeur. La naïveté de son vieux style a
quelque chose d'original et de piquant; mais on aurait
peine à croire jusqu'à quel point cet auteur, doué d'un
sens si droit, manquait d'esprit philosophique. On en ju-
gera par la conclusion qu'il tirait lui-même de toutes ses
observations critiques, savoir qu'il fallait composer, pour
notre usage, un Code, à l'aide d'extraits des lois de
Moïse.

« Car ce serait, dit-il, un orgueil intolérable et indigne
« de gens portant nom et titre de chrétien, que de préférer
« et révérer les lois des payens romains; et cependant dé-
« daigner celles que la sapience de Dieu a établies pour la
« police de son peuple et de sa république. »

Cela rappelle assez bien cette réponse d'un architecte
du XVI. siècle auquel on demandait le plan d'un édifice
monumental destiné au culte, et qui proposa pour modèle
le temple de Salomon, disant que ce temple étant l'ouvrage de Dieu même, il n'était au pouvoir de personne
de faire mieux.

CHAPITRE SEPTIÈME.

DROIT CRIMINEL.

I.

Pour faire apprécier la législation pénale des Romains à sa juste valeur, peu de citations seront nécessaires; il n'y a pas de peuple aujourd'hui qui ne croirait déshonorer ses lois en les calquant sur un pareil modèle.

Ainsi, pour la répression de l'un des délits les plus fréquens, du vol, quelle était la base du système de pénalité, en droit romain? Le plus ou le moins de gravité du fait en lui-même et des circonstances qui l'avaient accompagné? Non; mais le plus ou le moins d'habileté du voleur, dont la punition était bien plus forte quand il s'était laissé prendre sur le fait, que lorsqu'il n'avait été découvert que postérieurement. En effet on distinguait le vol en deux espèces, en vol *manifeste* ou *non manifeste*. Pour le premier, la peine consistait dans une condamnation au double de la valeur de l'objet volé; et, pour le deuxième, dans une condamnation au quadruple : la loi des Douze Tables avait même prononcé la peine capitale contre le voleur manifeste.

Or, dans quel cas le vol était-il manifeste? Lorsque le voleur était pris sur le fait, et même, par extension, lorsqu'il avait été saisi dans le lieu où le vol venait d'être commis; bien plus, et en troisième lieu, le vol était encore réputé manifeste, et puni comme tel, si le voleur n'étant plus sur le théâtre du vol était saisi, ou simplement vu, nanti de l'objet soustrait, avant qu'il l'eût transporté dans l'endroit où il avait résolu

de le déposer ; mais, arrivé au lieu de sa destination, le voleur, quoique encore nanti de
l'objet volé, n'était plus voleur manifeste, et
il n'avait à payer que le double, au lieu du
quadruple.

Voici le texte, que je n'ai fait qu'analyser :
« Pœna manifesti furti quadrupli est, tam ex
« servi quàm ex liberi personâ ; nec manifesti,
« dupli. » (§ 5 , *de oblig. q. ex. delict. nasc.*
Instit.)

« Manifestus fur est quem Græci ἐπ' αὐτὸ φωρῷ
« appellant ; nec solùm is qui in ipso furto
« deprehenditur, sed etiam is qui eo loco de-
« prehenditur quò furtum fecit, et nondùm
« egressus januam deprehensus fuerit ; et qui
« in oliveto olivarum, aut in vineto uvarum
« furtum fecit, quandiù in eo oliveto aut vi-
« neto deprehensus fuerit. Imò ulteriùs furtum
« manifestum est extendendum, quandiù eam
« rem fur tenens visus vel deprehensus fuerit,
« sive in publico, sive in privato, vel à domino
« vel ab alio, antequàm eò pervenerit quò de-
« ferre vel deponere destinàsset. Sed si pertulit

« quò destinavit, tametsi deprehendatur cum re
« furtivà, non est manifestus fur. » (Ibid., § 3.)

Quoi de plus étrange que ces distinctions! quoi
de plus absurde!

Quant à la répression des attentats contre les
personnes, le droit romain nous présente des
dispositions plus choquantes encore.

Ainsi, pour les sicaires, les empoisonneurs,
les incendiaires *honestiore loco positi*, la peine
était adoucie ; on les traitait moins sévèrement
que les coupables d'un rang inférieur ou de basse
condition, qui, seuls, subissaient toute la rigueur
de la loi : et ce n'était pas là un effet de la con-
descendance ou de la faiblesse du juge, c'était
l'œuvre, la volonté du législateur.

Voici le texte :

« Legis Corneliæ de sicariis et veneficiis pœna
« insulæ deportatio est et omnium bonorum
« ademptio ; sed solent hodiè capite puniri,
« nisi honestiore loco positi fuerint, ut pœnam

« legis sustineant ; humiliores enim solent vel
« bestiis subjici. » (L. 3, § 5, *ad legem Corneliam
de sicariis.* ff.)

Il y avait donc, de par la loi, des assassins, des
empoisonneurs , des incendiaires privilégiés.
Quoi de plus immoral que cette partialité du
législateur ! quoi de plus offensant pour la justice et pour la raison !

Une autre disposition où l'absurde le dispute
à l'horrible est relative au supplice des parricides.
Voici, d'après les Institutes, en quoi il consistait.
On cousait le coupable dans un sac de cuir, on y
enfermait avec lui un singe, un coq, une vipère
et un chien ; en cet état, on le jetait, suivant les
localités, à la mer ou dans la rivière, et cela, nous
dit-on, pour lui ôter la jouissance de tous les
élémens, pour que, vivant, il fût privé de l'air, et
que, mort, la terre ne le reçût pas.

« Alia deindè lex asperrimum crimen novâ
« pœnâ persequitur, quæ Pompeia de parrici-
« dis vocatur, quâ cavetur ut, si quis parentis,
« aut filii, aut omninò affectionis ejus quæ

« nuncupatione parentùm continetur fata pro-
« peraverit, pœnà parricidii puniatur : et neque
« gladio, neque ignibus, neque ulli alii solemni
« pœnæ subjiciatur ; sed insutus culeo cum
« cane, et gallo gallinacco, et viperà, et simià,
« et inter eas ferales angustias comprehensus
« (secundùm quod regionis qualitas tulerit),
« vel in vicinum mare, vel in amnem projicia-
« tur, ut omnium elementorum usu vivus ca-
« rere incipiat, et ei cœlum superstiti, et terra
« mortuo auferatur. » (Inst., *de publicis judiciis*, § 6.)

Je ne sais si, dans les pratiques les plus barbares du moyen-âge, on trouverait quelque chose
d'aussi absurde et d'aussi atroce ; et qu'on nous
vante après cela une civilisation qui entendait
ainsi le système des châtimens !

Ce n'est pas tout : on met sur la même ligne
et l'on punit de la même manière le parricide
et son complice, fût-il étranger à la famille de
la victime. « Necnon is cujus dolo malo id factum est, vel conscius criminis existit, licet extraneus sit. » (Ibid.)

C'est là une anomalie choquante, que cependant la jurisprudence française elle-même a consacrée de nos jours par plusieurs arrêts, enchaînée qu'elle s'est crue par le texte d'un article du Code pénal qui soumet, en termes généraux, les complices d'un crime à la même peine que l'auteur principal.

Voici une disposition plus caractéristique peut-être que toutes les autres, et qui atteste une ignorance grossière, en même temps qu'une superstition cruelle. Les Institutes elles-mêmes nous apprennent que la loi Cornelia prononçait la peine de mort contre celui qui aurait attenté aux jours de quelqu'un, non seulement par le fer ou par le poison, mais encore par des paroles magiques, par des enchantemens, des sortiléges (tàm venenis, quàm susurris magicis). Ainsi on mettait au nombre des actes par lesquels on peut attenter aux jours d'autrui les enchantemens et les sortiléges ! tant les peuples et les législateurs de ces temps-là étaient imbus d'idées chimériques !

« Eâdem lege et venefici capite damnantur,

« qui artibus odiosis, tàm venenis, quàm susurris
« magicis, homines occiderint, vel mala medica-
« menta publicè vendiderint. » (§ 5, *de publicis
judiciis*, Inst.)

Mais peut-être n'avons-nous pas le droit de
nous récrier bien fort contre la superstitieuse et
barbare crédulité des Romains ; car il n'y a guère
plus d'un siècle que l'on condamnait en France
de prétendus magiciens.

Enfin nous trouvons dans le droit romain une
foule de peines qui doivent être bannies de la
législation de tout peuple civilisé, telles que la
confiscation, la torture, le supplice de la
croix (1), du feu, la condamnation aux bê-
tes, etc.

(1) Le supplice de la croix était fort usité chez les Romains ; cependant il n'en est pas fait mention dans les compilations de Justinien. Les empereurs chrétiens abolirent
ce supplice atroce, moins par humanité que par vénération
pour Jésus-Christ mort sur la croix ; et Tribonien poussa
le zèle jusqu'à remplacer, dans tous les textes qu'il com-
pila, le mot *crux* par le mot *furca.* Ainsi, par exemple, en

II.

Que si de la pénalité nous passons au système d'instruction et de juridiction criminelle, nous trouvons dans le droit romain des dispositions non moins contraires aux règles d'une saine doctrine.

Montesquieu l'a dit avec une haute raison (liv. 11, chap. 6.) :

« Lorsque, dans la même personne ou dans le

reproduisant, dans la loi 38 , § 2, ff. *de pœnis*, ce passage des sentences de Paul, liv. 5, tit. 22 : « Auctores seditionis « et tumultûs, vel concitatores populi, pro qualitate digni- « tatis, aut in *crucem* tolluntur, aut bestiis projiciuntur, aut « in insulam deportantur, » il a substitué aux mots : *aut in crucem tolluntur*, ceux-ci : *aut in furcam.....*

C'est ainsi qu'on peut s'expliquer certaines locutions im- propres usitées dans le Digeste, telles que celle-ci: *furcâ figi*, etc.

15*

« même corps de magistrature, la puissance
« législative est réunie à la puissance exécu-
« trice, il n'y a point de liberté, parce qu'on
« peut craindre que le même monarque ou le
« même sénat ne fasse des lois tyranniques
« pour les exécuter tyranniquement. *Il n'y a*
« *point encore de liberté si la puissance de juger*
« *n'est point séparée de la puissance législative et*
« *de l'exécutrice.* Si elle était jointe à la puis-
« sance législative, le pouvoir sur la vie et la li-
« berté des citoyens serait arbitraire; si elle
« était jointe à la puissance exécutrice, le juge
« pourrait avoir la force d'un oppresseur. »

De toutes les formes de la justice, et surtout
de la justice criminelle, la plus imparfaite est,
sans contredit, celle où se fait le plus sentir cette
confusion de pouvoirs; la moins imparfaite, au
contraire, celle qui en est le plus exempte. Il est
clair, en effet, que le dépositaire du pouvoir souverain, quel qu'il soit, homme, sénat ou peuple, dès
qu'il est investi du droit de prononcer et d'appliquer les peines, libre dès lors de satisfaire ses
sentimens de haine, de vengeance ou de colère,

n'est plus retenu par aucun frein. C'est une source intarissable de cruautés, d'injustices et d'abus.

Les jugemens par commission sont certes odieux à bon droit ; ils sont, cependant, moins dénués encore de garantie que les jugemens rendus directement par le souverain ; car, avec le système des commissions, il faut du moins que le souverain trouve des commissaires dévoués, bien décidés à servir ses passions ; et souvent encore il n'oserait leur révéler un motif pour lequel, s'il était juge, il ne se ferait aucun scrupule de prononcer lui-même et de faire exécuter une condamnation capitale.

En Russie, il existe des jugemens par commission ; en Turquie, jusque dans ces derniers temps, le grand seigneur n'avait qu'à envoyer le lacet et un firman de mort à un de ses sujets, pour que celui-ci ne se crût plus le droit de vivre.

En France, dans l'ancienne monarchie, les rois avaient le droit de rendre la justice en personne. Tous nos anciens historiens se sont extasiés sur la sagesse de Saint Louis rendant la justice sous les chênes de Vincennes, et aucun d'eux, que je sache, n'a signalé le danger de cette confusion de pouvoirs.

Ce n'est que depuis 1789 que le pouvoir judiciaire a été enfin séparé chez nous du pouvoir législatif, et du pouvoir exécutif.

« Le pouvoir judiciaire ne peut être exercé, « *en aucun cas,* par le corps législatif ni par le « roi. » (Déclaration de 1789 ; Constitution de 1791.)

« Les fonctions judiciaires ne peuvent être « exercées, ni par le corps législatif ni par le « pouvoir exécutif. » (1795.)

« L'indépendance du pouvoir judiciaire est « garantie. » (1814, Sénat.)

Il faut donc le dire, c'est une formule peu en harmonie avec cette séparation salutaire, que celle de la charte : *Toute justice émane du roi; la justice est rendue au nom du roi.* C'est un anachronisme encore que ce fauteuil royal qu'on étale dans la salle d'audience de la cour de cassation ; comme

si le roi avait le droit de venir y siéger **en** qualité
de juge !

Les jugemens par des juges permanens sont
bien préférables aux jugemens par commission ;
car, d'une part, ils entraînent une responsabilité
qui est une garantie pour les parties ; d'autre
part, le juge appelé à rendre journellement la
justice contracte des habitudes de gravité, de
réflexion, de modération, qui se perdent diffi-
cilement.

Des juges simplement permanens n'offrent
cependant pas encore la garantie précieuse, indispensable, de l'indépendance, qui ne peut se
trouver que dans l'inamovibilité. Aussi, la charte
de 1830, rendant hommage à ce principe, dé-
clare-t-elle que les juges nommés par le roi sont
inamovibles (49). La charte de 1814 elle-même
contenait une disposition semblable.

Mais toutes ces garanties sont encore insuffisantes en matière criminelle. C'est là que les jugemens par les pairs, c'est-à-dire par le jury,
sont la seule forme satisfaisante.

Il faut le remarquer, toutefois : le jury sera d'autant plus parfait, qu'il sera plus indépendant, dans sa formation, de l'influence de l'autorité; si c'était l'autorité elle-même qui composât à son gré les listes, le jury serait vicié dans son essence, il dégénérerait en commission, et ne serait plus qu'un simulacre et un mensonge.

Or, chez les Romains, on chercherait vainement quelques traces de ces principes, base nécessaire de toute bonne administration de la justice; nous y voyons, au contraire, dès l'origine, une déplorable confusion de pouvoirs, qui s'est perpétuée jusqu'à la fin de l'empire; nous y voyons, dis-je, le pouvoir judiciaire réuni dans les mêmes mains au pouvoir exécutif et même au pouvoir législatif : c'est la réunion de tous ces pouvoirs, dont les empereurs romains avaient fait un si effroyable abus, qui a produit le despotisme aveugle des sultans.

CHAPITRE HUITIÈME.

COMMERCE ET ÉCONOMIE POLITIQUE.

D'un autre côté, est-il un peuple où le commerce, l'industrie, l'économie politique, qui tiennent une si grande place dans les sociétés modernes, et contribuent si puissamment à leur richesse et à leur prospérité, aient été moins cultivés, moins encouragés, et, disons le mot, plus *méprisés* que chez les Romains ? Tout occupés de guerres et de conquêtes, les Romains regardaient comme viles et indignes d'eux les professions industrielles. Chez eux, le commerce était opprimé, pressuré de mille manières; le titre de commerçant, avili; l'industrie, une cause de défaveur, d'exclusion et d'indignité politique. Aussi que rencontre-t-on, dans leur législation, qui s'y réfère? Rien, ou presque rien; et le peu qui s'y trouve atteste qu'il n'y a rien aujourd'hui à puiser à cette source.

Je me réserve de traiter ailleurs plus longuement ce sujet du *commerce chez les Romains*, sujet dont le développement complet pourra, si je ne me trompe, offrir de l'intérêt. Mais, pour que, dès à présent, on apprécie tout ce que leur législation et leur droit des gens même avaient d'hostile aux transactions commerciales qui auraient pu se former avec les autres peuples, il suffira d'une seule citation, que voici :

« Les peuples, dit le jurisconsulte Pomponius,
« avec lesquels nous n'avons ni amitié, ni hospi
« talité, ni alliance, ne sont point nos ennemis.
« Cependant, si une chose qui nous appartient

« tombe entre leurs mains, ils en sont proprié-
« taires. Nos concitoyens libres deviennent leurs
« esclaves ; et ils sont dans les mêmes termes à
« notre égard. »

« Nam si cum gente aliquâ neque amicitiam, ne-
« que hospitium, neque fœdus amicitiæ causâ fac-
« tum habemus : hi hostes quidem non sunt. Quod
« autem **ex nostro ad eos** pervenit, illorum fit, et
« liber homo noster ab eis captus servus fit; et
« eorum idem est, si ab illis ad nos aliquid perve-
« niat. » (Loi 7, § 2. *De captiv. et post limi-*
nio , ff.)

Voilà le droit des gens des Romains. Qu'y a-t-
il de plus incompatible , je le demande , avec le
commerce et les relations qu'il engendre!

CHAPITRE NEUVIÈME.

On ne s'étonnera pas, d'après ce qui précède, que l'étude du droit romain ne soit point au nombre de celles que les chefs du barreau sont dans l'usage de recommander à leurs jeunes confrères, dans le discours solennel qu'ils leur adressent, chaque année, à l'ouverture de leurs travaux.

M. Dupin l'aîné, lui-même, qu'on n'accusera

certainement pas de ne point apprécier le droit romain et de n'en pas faire un assez fréquent usage,
M. Dupin, dis-je, dans le discours fort remar-
quable qu'il prononça en 1829, comme bâtonnier
de l'ordre, sur les devoirs qu'impose la profession d'avocat, et sur *les études qu'elle exige*,
engageait vivement ses jeunes confrères à se re-
tremper dans l'étude de nos vieux jurisconsultes ;
mais il ne leur disait pas un mot, un seul mot
du droit romain.

« Relisez , s'écriait-il, nos vieux juriscon-
« sultes ; ils sont trop négligés : gardons-nous
« de les oublier et de les laisser tomber en dé-
« suétude. Au mérite d'un style qui, dans sa
« franchise, a souvent toute l'énergie et la pré-
« cision des langues anciennes, à la naïveté
« qui n'exclut pas la finesse, et qui place plu-
« sieurs d'entr'eux, tels que Loysel et Pasquier
« sur la ligne de Montaigne et d'Amyot, ils
« joignent la solidité des principes, la rectitude
« des raisonnemens, une érudition, j'en con-
« viens, excessive alors, comme elle est trop
« faible à présent ; mais, en tout, une connais-

« sance approfondie des sujets qu'ils traitent,
« et une source féconde, pour quiconque y veut
« puiser avec discernement. Dans cette partie de
« vos études, ne craignez pas de vous égarer en
« rebroussant chemin. *Pour arriver aux mines*
« *d'or*, il faut percer les entrailles de la terre ;
« de même, traversez, s'il le faut, plusieurs
« siècles, et pénétrez jusqu'au temps où écri-
« vaient Bodin, Coquille, Loyseau et Dumoulin.

Comme on le voit, M. Dupin ne conseillait pas
à ses jeunes confrères, et cependant c'eût été le
cas ou jamais, de remonter aux temps bien plus
reculés où écrivaient Papinien, Paul, Gaïus, Ulpien, et, suivant une certaine méthode qu'on a
beaucoup préconisée dans ces dernières années,
mais, à ce qu'il me semble, sans succès, de s'attacher péniblement à retrouver le sens de chacun
des fragmens qui nous en restent, et surtout des
plus obscurs et des plus inapplicables.

Certes, M. Dupin avait trop de sens et de lumières ; il avait trop la conscience des études vraiment utiles au jurisconsulte, il savait trop bien
surtout, par une éclatante expérience, tout ce que

la profession d'avocat, du moins quand on veut
s'y livrer avec honneur et s'y élever, exige par
elle-même de temps et de soins, d'application et
de veilles, pour donner à ses jeunes confrères
un semblable conseil, qui d'ailleurs, eût-il été
donné, n'aurait pu être ni goûté, ni suivi. Comment, en effet, je le demande, les jeunes membres du barreau, quelque ardeur pour la science,
quelque intelligence, quelque activité d'esprit
qu'on veuille leur supposer, pourraient-ils entreprendre sérieusement de remonter à travers les
âges, je ne dis pas au temps des Bodin, des Coquille, des Loyseau et des Dumoulin, dont quelques siècles seulement nous séparent, et qui cependant paraissent déjà bien loin de nous, mais
à des époques presque fabuleuses, aux sources
mêmes du droit romain, à ses antiques et mystérieuses origines, et tenter de percer les épaisses
ténèbres qui enveloppent les traditions de ces
temps sauvages, de ces siècles barbares? Comment, dis-je, pourraient-ils entreprendre une
semblable tâche sans négliger les études indispensables à l'exercice de leur profession, sans
déserter les devoirs et les travaux qu'elle impose,

sans se détourner du but qu'ils poursuivent, sans renoncer même à l'atteindre jamais ?

Et, d'ailleurs, quelle serait donc, après tout, la récompense d'un si long et si pénible labeur, auquel il faudrait se vouer exclusivement et sans partage, consacrer, non pas des années, mais sa vie entière ? Serait-ce, pour me servir de la riche métaphore de M. Dupin, la découverte de mines d'or ? Non certes, mais tout au plus celle de quelque maigre filon encore inconnu peut-être, si même tout ce travail, tous ces efforts, n'étaient pas sans résultat, et complètement stériles.

Aussi le savant Henrys, qu'on ne qualifiera pas de détracteur du droit romain, car il en a fait l'apologie, pour démontrer que, de son temps, le droit romain avait force de loi, non seulement dans les pays de droit écrit, mais encore dans ceux de droit coutumier, au moins pour tous les cas non décidés par la coutume, se fondait-il sur ce qu'il existait, même dans les provinces régies par les coutumes, des écoles de droit, au nombre de six (la plus célèbre et la plus ancienne était celle d'Orléans), où le droit romain était publiquement enseigné : ce qui ne lui aurait pas paru concevable si le droit romain n'avait pas eu dans ces provinces une autorité légale, une force obligatoire; car, disait-il : « Serait-il de la bonne police « d'un État d'employer tant de professeurs pour « enseigner une science qui ne serait que de « bienséance et de curiosité? ne serait-il pas con- « tre la bonne politique de faire passer le temps à « la jeunesse dans l'étude d'une jurisprudence « qui ne sert pas de loi?

« Les lois de Solon sont très-saintes; en sorte « que le sénat de l'Aréopage, dont la justice était « si parfaite, qu'il avait mérité d'être choisi pour « juger les différends des dieux, fit toujours « gloire de les suivre : cependant nos pères ne « se sont point avisés d'établir des écoles pour « les enseigner.

« Les lois de la *Chine* sont très-belles, en sorte « que leur législateur a mérité une adoration « éternelle : l'on a bien disputé de nos jours si « ce culte était permis; néanmoins personne ne

« s'est encore avisé de nous obliger d'étudier ces
« lois. »

Je citerai encore le raisonnement du philosophe Aristippe, « lequel, dit François Hotman,
« étant enquis de ce qu'il conseillait aux jeunes
« gens d'apprendre et d'étudier, répondit : Ce qui,
« lorsqu'ils seraient en âge d'hommes, leur serait
« profitable pour l'usage de la vie. A quoi se rap-
« porte une belle sentence de Pline, le second,
« écrivant à un jurisconsulte, nommé Aristo, au
« huitième livre de ses épîtres : Combien, dit-il,
« y en a-t-il qui voulussent être si patiens, que
« de prendre la peine d'étudier ce qu'ils ne
« pourront jamais avoir en usage ; joint qu'il
« est bien difficile de retenir ce que vous avez
« appris, sans le pratiquer et sans vous y exercer.

« Et que l'on juge là-dessus combien la jeu-
« nesse française est obligée à ceux qui lui font
« employer son temps, en l'étude des choses où
« il n'y a aucun profit ni usage pour la vie hu-
« maine, et, comme Justinien les appèle, *en
« vieilles fables*. Car c'est autant comme si les

« prêtres et moines de maintenant enseignaient
« à leurs novices la façon de danser ès proces-
« sions solemnelles, parce que les prêtres saliens
« de Rome avaient coutume de le faire. »

Enfin, s'il n'est pas hors de propos de citer,
en pareille matière, l'autorité beaucoup moins
grave d'un auteur qui n'en est pas moins doué
d'un esprit éminemment judicieux et d'un sens
profond, je rappellerai, en terminant, avec combien de raison Molière s'est moqué de ces gens
qui s'imaginent être des prodiges fameux :

« Pour avoir employé neuf ou dix mille veilles
« A se bien barbouiller de grec et de latin,
« Et se charger l'esprit du ténébreux butin
« De tous les vieux fatras qui traînent dans les livres. »

Toutefois, l'étude du droit romain, quoique
généralement mal comprise et mal appréciée,
n'en a pas moins son importance et son utilité ;
et, certes, ce n'est pas moi à qui, dans les luttes
laborieuses des concours, le droit romain a fourni
plus d'une fois des armes utiles, et qui lui suis

peut-être redevable de quelques succès, ce n'est pas moi qui refuserai de reconnaître les avantages qu'on peut trouver dans cette étude bien dirigée, et qui hésiterai à les signaler et à les faire ressortir sous leur véritable jour.

Ce sera l'objet de la seconde partie de ce travail.

DEUXIÈME PARTIE.

A QUEL ÉGARD L'ÉTUDE DU DROIT ROMAIN

OFFRE-T-ELLE ENCORE AUJOURD'HUI

DE L'UTILITÉ CHEZ NOUS ?

In totum, omnia quæ animi destinatione agenda
sunt non nisi verâ et certâ scientiâ perfici possunt.

PAPINIEN.

CHAPITRE PREMIER.

L'étude du droit romain, sainement appréciée
et bien conçue, se recommande sous plusieurs
rapports.

I.

La littérature des Romains, leur philosophie,
leur théâtre, sont d'origine grecque; leur droit
seul, exclusivement romain, leur appartient en

propre; c'est une plante véritablement indigène, une production du sol italique. Ce caractère d'originalité, de nationalité, qui appartient éminemment au droit romain, suffit sans doute pour lui assigner une place importante parmi les monumens de l'antiquité. C'est là que se peint le mieux, avec ses traits particuliers, une des faces principales du génie romain; c'est là qu'on en retrouve peut-être le reflet le plus fidèle, l'empreinte la plus irrécusable.

« L'archéologie, la philologie, l'histoire, dit « M. Giraud, ne peuvent-elles pas y recueillir « encore les plus riches trésors, même après les « Sigonius, les Beaufort, les Heyne, les Nieburh?» Je cite avec plaisir ce passage de *l'Introduction historique aux Élémens de droit romain, par Heineccius.* Mais à combien peu de personnes ces trésors, si trésors il y a, sont de nos jours accessibles! Ils ne seront jamais recherchés, et ils ne pourront l'être que par quelques spécialités, rares en tout temps, et aujourd'hui plus que jamais.

II.

Sous un point de vue plus spécial, on peut le dire encore avec vérité, d'autres peuples de l'antiquité, les Grecs notamment, ont bien eu des lois mémorables, des législateurs et des jurisconsultes célèbres ; mais le droit était loin d'être parvenu chez eux à ce degré de développement scientifique auquel il s'est élevé chez les Romains. Ce n'est guère qu'à Rome, que le droit, travaillé, cultivé avec zèle, avec ardeur, nous offre le caractère imposant d'une science. Rome a donc vu, pour ainsi dire, naître le droit ; elle l'a vu grandir, et prendre avec la suite des temps une importance de premier ordre. C'est aussi de ce foyer qu'il s'est répandu sur l'Europe et sur le monde, dont toutes les parties en ont plus ou moins ressenti l'influence, et en portent encore des traces plus ou moins profondes.

Il peut donc être curieux, intéressant, instructif, même de nos jours, pour quiconque veut se livrer à l'étude du droit dans ce qu'elle a,

non pas d'usuel et de pratique, mais de grand et
de noble, de l'envisager à son point de départ,
d'en suivre la marche à travers les siècles, et d'en
reconnaître l'influence sur le mouvement social.

Aussi, c'est là, si je ne me trompe, le point
de vue qui a surtout frappé l'esprit élevé de
M. Lerminier, et qu'il s'est plu à faire ressortir
dans plusieurs passages de ses écrits, mais
particulièrement dans le suivant :

« Étrange destinée de cette législation ! son
« berceau se perd dans les traditions et les my-
« thes de l'antique Italie ; peu à peu elle se dé-
« gage des voiles et des images du symbole pour
« arriver à la raison sévère, et à la précision du
« génie politique. Bientôt, à la faveur des con-
« quêtes, et sur les traces de l'aigle romaine, ses
« règles asservissent une partie du monde. Sur
« les ruines de la république et de la domination
« impériale, son essor scientifique et littéraire
« est demeuré l'immortel enseignement de toutes
« les législations. Respectée du christianisme,
« elle a mis à côté de la morale du Christ ses
« principes empruntés au Portique. L'invasion

« des peuples barbares ne l'a pas emportée dans
« son torrent ; restée le droit des vaincus à côté
« des lois salique et ripuaire, elle modifie peu à
« peu les mœurs des vainqueurs, et, après un
« empire silencieux de quatre siècles, se réveille
« brillante en Italie ; de son antique patrie passe
« en Allemagne, où elle devient le droit commun ;
« en France, où elle gouvernait déjà en maî-
« tresse la moitié du territoire ; et enfin, outre
« la puissance positive, elle subsiste au milieu
« des législations modernes , comme un monu-
« ment indestructible, comme l'éternelle et mys-
« térieuse école des jurisconsultes et des pen-
« seurs. »

CHAPITRE DEUXIÈME.

I.

Les maximes et le langage des jurisconsultes romains se sont tellement emparés de l'esprit de presque tous ceux qui ont écrit sur le droit ; les ouvrages de la plupart des auteurs, particulièrement des plus anciens, en sont tellement empreints, qu'il serait peut-être difficile de les comprendre parfaitement, si l'on ne s'était d'abord familiarisé avec ces maximes et ce langage, en remontant à leur source.

C'est sans doute pour n'avoir pas pris ce soin, et recherché dans les textes le véritable sens du mot *abusus*, que l'orateur du gouvernement chargé d'exposer les motifs de l'un des titres du Code civil, après avoir défini la propriété : *le droit de jouir et de disposer des choses de la manière la plus absolue, pourvu qu'on n'en fasse pas un usage prohibé par les lois ou par les réglemens,* s'exprimait ainsi :

« On sent, au premier abord, la justesse de
« cette définition ; elle rappelle celle qu'on trouve
« dans le droit romain, qui paraît aussi avoir été
« faite avec soin : « *Jus utendi et abutendi re suá*
« *quatenùs juris ratio patitur.* » Mais, osons le
« dire, la définition donnée par le Code civil est
« plus exacte : *L'esprit se refuse à voir ériger*
« *l'abus de la propriété en droit ; il est bien toléré*
« *par la loi civile, tant qu'il ne nuit pas à autrui ;*
« *mais, dans les règles de la loi naturelle et de*
« *la morale, on ne doit pas se le permettre.* »

Cependant, je dois le dire, pour la justification du savant orateur, il ajoutait immédiatement, mais comme une simple *conjecture* toutefois :

« Aussi était-on porté à penser que, par les
« expressions *jus abutendi*, les Romains n'a-
« vaient voulu entendre que le droit de dispo-
« ser de la manière la plus absolue, et qu'ils
« s'en étaient seulement servi par opposition à
« ces mots, *jus utendi et fruendi* sous lesquels
« ils avaient défini l'usufruit. »

Il faut le reconnaître, au surplus, à la louange de notre époque : les vieux auteurs, si hérissés d'érudition et de citations latines, sont actuellement d'autant moins lus qu'ils ont plus compilé, d'autant moins cités qu'ils ont eux-mêmes cité davantage ; et les jurisconsultes contemporains qui n'ont pas su échapper à ce travers d'autrefois, sont frappés de la même défaveur.

II.

La dialectique des jurisconsultes romains, leurs raisonnemens, leur métaphysique dégagée de ses obscurités et de ses argutics, peuvent encore nous aider à édifier, malgré l'aridité de nos textes, des systèmes et des théories. Mais c'est là une ressource trop peu sûre, dont il ne faut user qu'avec beaucoup de sobriété et de discernement; car, en général, les argumens d'analogie qu'on va puiser dans les recueils du droit romain manquent de justesse et d'exactitude. Aussi est-ce avec beaucoup de raison que ce système d'argumentation et de discussion, jadis si fort en honneur, est tombé en discrédit. A la Cour de cassation même, il est rare aujourd'hui que l'on invoque un texte du droit romain, et plus rare encore qu'on se donne la peine de le discuter. Quelques brocards latins, quelques adages surannés, ont presque seuls cours au palais, où ils se transmettent traditionnellement; et encore, pour la plupart, sont-ils étrangers au droit romain, et ne sont-ils parvenus à s'introduire dans l'usage que grace à l'absence d'une méthode rationnelle et philosophique.

CHAPITRE TROISIÈME.

Alors même , et c'est ce qui arrive le plus souvent, que la différence des temps, des mœurs, des institutions, ne permet pas de puiser dans le droit romain des règles d'interprétation pour nos lois actuelles , on y trouve quelquefois l'origine première d'institutions, de coutumes, d'usages et de dénominations encore en vigueur. Ainsi, pour n'en citer qu'un exemple, mais frappant : quel est celui qui n'a pas rencontré, dans les ouvrages de nos auteurs et dans nos Codes mêmes, l'expression de *père de famille?* N'est-il pas dit, notamment, dans le Code civil, que « l'usufruitier doit « jouir en *bon père de famille?* que les servi- « tudes peuvent être établies par la destination « du *père de famille,* etc. ? »

Eh bien! en ne considérant que cette expression en elle-même, il serait impossible assurément de s'en rendre raison, de trouver un rapport quelconque entre l'idée qu'elle exprime dans ces textes, et le sens qu'elle a généralement dans notre langue, où l'on entend par *père de famille* celui qui a des enfans.

Mais c'est là un emprunt malheureux que les rédacteurs de nos Codes ont fait au droit romain, où la qualité de *père de famille* se confondait si peu avec celle de *père,* qu'on pouvait être *père* sans être, pour cela, *père de famille,* par exemple lorsqu'on était soi-même sous la puissance de son propre père; et qu'en sens inverse, on pouvait être *père de famille*, sans être *père* : il y a plus, on pouvait être *père de famille*, même en naissant. Tous les enfans nés *ex concubinatu*, c'est-à-dire d'une espèce de mariage de la main gauche, qui, dénué des effets civils, ne conférait pas la puissance paternelle, se trouvaient dans ce cas; car, affranchis de cette puissance au moment même de leur naissance, ils étaient par cela même *pères de famille en naissant.*

Le mot *père de famille,* étranger en soi à toute idée de *paternité,* n'exprimait donc, chez les Romains, qu'une qualité purement civile, qu'un attribut commun à tous ceux, quel que fût leur âge, qui n'étaient soumis à la puissance d'aucun autre, qui s'appartenaient à eux-mêmes.

Mais comme, dans l'origine du moins, il fallait jouir de cette indépendance du père de famille pour être propriétaire, ou au moins pour en exercer les droits, on avait pris l'habitude de se servir du mot *père de famille* dans le sens de *propriétaire, d'administrateur;* c'est aussi dans ce sens que cette expression a passé dans notre droit, où elle ne signifie pas autre chose. C'est donc là un vestige du droit romain, dù à l'inadvertance, ou plutôt à l'esprit routinier de nos législateurs.

CHAPITRE QUATRIÈME.

Sur certains points, la doctrine des jurisconsultes romains, bonne ou mauvaise, bien ou
mal comprise, a été adoptée par nos législateurs,
sanctionnée par eux, et a passé dans nos Codes
sous la forme de loi. Mais le législateur n'en-
seigne pas, il commande ; écartant tout ce qui
n'est que théorie ou raisonnement, il formule
ses décisions sans les motiver, il les revêt de son

autorité suprême, et les impose à titre de règles obligatoires. Où donc trouver les principes dont ces règles, devenues des articles de nos Codes, ne sont que la conséquence? où donc aller chercher les développemens dont elles sont susceptibles? Dans les écrits des jurisconsultes romains, d'où on les a tirées; c'est là, du moins, l'idée que, dans son exposé des motifs du Code civil, M. Portalis exprimait en ces termes :

« Ce ne sera pas connaître nos Codes, disait-il,
« que de les étudier seulement eux - mêmes ;
« il faut, pour comprendre le droit français, re-
« monter au droit romain. Le législateur français
« a rassemblé un certain nombre de principes,
« leur a donné force de loi; mais c'est dans le -
« droit romain que se trouve le développement
« de ces principes, et que la loi est reconnue
« l'œuvre et le produit de la raison. Ici le prin-
« cipe commande ; il apparaît sans être pré-
« cédé ni suivi du raisonnement, dont il n'a pas
« besoin ; il veut être exécuté. Là, c'est la
« science, c'est la sagesse qui conseille ; le ju-
« risconsulte présente la raison de douter, com-

« bat le doute, cherche la forme qui peut frap-
« per davantage ; il ne veut que prouver, car il ne
« commande pas, il persuade. »

Il y a sans doute de l'éloquence dans ce langage, mais il y a plus encore d'exagération ; et,
pour réduire ces assertions pompeuses à leur
juste valeur, il suffira de rappeler les différences
essentielles, fondamentales, qui distinguent le
droit romain du droit français, et en font, en
quelque sorte, l'*antipode*.

Ainsi, qu'y-a-t-il de plus opposé à nos mœurs,
à nos institutions, aux principes de notre droit,
que la division des personnes *en libres et esclaves*,
que leur subdivision en *ingénus* et *affranchis*, en
sui juris et *alieni juris*, etc. ; toutes ces distinctions, et les innombrables controverses qui s'y
rattachent, ne sont-elles pas aujourd'hui aussi
peu utiles à connaître, pour l'intelligence de notre
droit, que les gothiques classifications de *nobles*
et de *roturiers*, de *seigneurs* et de *vassaux*, etc.

Quoi de plus opposé encore à notre civilisation et à notre droit, que le système, tout mili-

taire et despotique, d'organisation de la famille, chez les Romains ; que la puissance exorbitante dont le père était armé ; que l'existence du *concubinatus* à côté des *justæ nuptiæ,* etc.

Quant à l'émancipation et à ses effets, aux différentes espèces de tutelle, à la curatelle, etc., il n'y en a pas moins, entre le droit français et le droit romain, malgré la similitude des mots, une différence totale dans les choses.

Qu'y-a-t-il, chez nous, qui corresponde à la division des choses en *res mancipi* et *nec mancipi,* à la distinction du domaine en *bonitaire* et *quiritaire,* à *la mancipation,* à la *cessio in jure,* et autres vieilles observances déjà tombées en désuétude bien des siècles avant Justinien.

Et la tradition joue-t-elle chez nous le même rôle qu'en droit romain ? Les principes qui y présidaient n'ont-ils pas été remplacés, dans notre droit, par d'autres plus simples et plus en harmonie avec les progrès de la civilisation et les rapports nouveaux que l'état moderne des sociétés a fait naître ?

Quant aux testamens, sans parler des formalités requises en droit romain, de la nécessité d'une institution d'héritier, du principe qu'on ne pouvait pas mourir partie *testat*, partie *intestat*, de la distinction des legs en quatre espèces, *per damnationem*, *per vindicationem*, *per præceptionem* et *sinendi modo*, source de controverses infinies, connaît-on chez nous la distinction des testamens et des codiciles, des legs et des fidéicommis, la plainte de testament inofficieux, les substitutions pupillaire et exemplaire, et enfin les possessions de biens?

Quant aux successions *ab intestat*, quoi de plus antipathique à l'esprit d'égalité, qui, dans notre législation, a si justement prévalu sur les préjugés féodaux de l'ancien régime, que le système aristocratique du droit romain, dont toutes les dispositions tendaient à conserver les biens dans la famille agnatique du défunt.

Quant aux obligations, autant le droit romain est compliqué, surchargé de formalités, autant le nôtre en est dégagé. Connaît-on, chez nous, des *stipulations* avec ce cortége de solennités minutieuses, de formalités tyranniques, dont elles étaient embarrassées? y connaît-on des contrats réels et littéraux dans le sens des Romains ?

Qui ne sait que, chez nous, le concours des volontés suffit, en règle générale, pour produire une obligation, tandis que, en droit romain, c'était précisément tout le contraire; que chez nous, le nombre des contrats consensuels est illimité, tandis que, en droit romain, il se réduisait à quatre.

Enfin, quant aux actions, s'il y a, dans le droit romain, une partie qui soit maintenant, et de l'aveu de tout le monde, entièrement hors d'usage, c'est à coup sûr celle-là.

Il en est de même des exceptions; c'est là que le droit romain est véritablement, de tout point, l'antipode du droit français.

« Posons maintenant le cas, dit Hotman, que
« quelque bon et excellent esprit de notre
« France ait pu, par son grand et continuel

« travail, acquérir la connaissance de telles
« choses, et entendre aussi parfaitement leur
« nature, qualité et condition, avec la forme et
« manière d'en user, comme fit un Caton, un
« Scévola ou un Manilius, et qu'avec cette science
« seule, et sans la connaissance de la pratique
« française, il se présente en un Palais ou autre
« siége de ce royaume : qui ne sait qu'il y sera
« presque aussi nouveau et si étrange, comme
« s'il était arrivé aux terres neuves, entre les
« sauvages de l'Amérique? »

Et cependant, dans les écoles de droit, on consacre aujourd'hui infiniment plus de temps à expliquer, tant bien que mal, à force de conjectures et de divinations, les mystères de la procédure romaine, qu'à enseigner les principes de notre procédure française, si supérieure, malgré ses imperfections, à celle des Romains, et d'ailleurs indispensable à connaître pour la pratique des affaires.

Enfin, et personne ne le contestera sans doute après les preuves que j'en ai données, pour tout ce qui est relatif au droit public, au droit des gens, au droit criminel, et même au droit commercial, le droit romain ne peut nous fournir aujourd'hui aucune espèce de lumières, et il faut en faire complètement abstraction ; car il n'est rien de plus arriéré, de plus faux, de plus inapplicable que tout ce que l'on y trouve à cet égard.

Restent donc uniquement les textes relatifs au droit civil ; et si, de tous ces textes, on ne conservait que ceux qui peuvent être encore bons à consulter, comme moyen direct d'interprétation pour nos propres lois, à quel petit nombre de pages cette énorme compilation du droit romain ne se trouverait-elle pas réduite !

CHAPITRE CINQUIÈME.

C'EST aussi, en remontant au droit romain, que l'on voit par combien de tâtonnemens et d'essais successifs il a fallu passer, avant de parvenir à fixer les principes qui nous servent de règle aujourd'hui. Il peut être utile d'en rechercher l'origine, et d'en suivre la filiation pour en connaître la nature et la portée.

Je vais, suivant ma méthode, prouver cette double proposition par une série d'exemples.

PREMIER EXEMPLE.

En droit romain, la propriété, en matière de vente, et, en général, dans les contrats, ne se transférait que par la tradition. Jusqu'à la tradition, le vendeur restait propriétaire; et cependant, si la chose venait à périr avant d'avoir été livrée, elle périssait pour l'acheteur, de sorte que le vendeur était dispensé de livrer la chose, et l'acheteur n'en était pas moins tenu d'en payer le prix.

C'est ce qui résulte d'une foule de textes, et notamment du § 3, aux Institut. *de vend. et emption.*, du § 16, *de legatis*, ibid., etc.

D'un autre côté, dans le prêt à usage, la chose restait (et il en est encore de même aujourd'hui) aux risques du prêteur; de sorte que, si elle venait à périr par cas fortuit, c'est pour lui qu'elle périssait, et il n'avait rien à demander à l'emprunteur.

C'est là, dit-on, une conséquence de la règle *res perit domino*, la chose périt pour celui qui en est propriétaire ; l'emprunteur ne l'est pas devenu ; le prêteur n'a donc pas cessé de l'être ; donc..., etc.

Mais, d'après cette règle, en matière de vente, la chose vendue devrait être aux risques du vendeur, jusqu'à la tradition du moins, puisque jusque-là c'est lui, et lui seul, qui en est propriétaire. Et cependant il en est tout autrement, ainsi que nous l'avons vu !

Aussi, grand a été l'embarras des auteurs pour concilier ces deux décisions avec la maxime *res perit domino*, dont ils veulent ici comme partout faire l'application ; depuis Potier jusqu'à M. Ducaurroy, qui n'a rien trouvé à ajouter à cet égard à l'explication de Potier, et s'est purement et simplement borné à se l'approprier, en la reproduisant, on s'est contenté d'un véritable galimatias, qu'on me passe l'expression. On va en juger, je cite textuellement : « La chose, a-t-on dit, périt pour le proprié-

« taire quant à la propriété ; pour l'usufruitier,
« quant à l'usufruit ; pour le créancier, quant
« à sa créance. » (Ducaurroy.)

Potier (de la *vente*, n° 308) avait dit avant
M. Ducaurroy, presque dans les mêmes termes :
« Lorsqu'on oppose le propriétaire débiteur
« d'une chose au créancier qui a une action
« pour se la faire livrer, en ce cas la chose périt
« pour le créancier, plutôt que pour le proprié-
« taire, qui en est libéré.... En effet, chacun
« perd le droit qu'il a dans la chose, ou par
« rapport à une chose lorsqu'elle périt par cas
« fortuit : le vendeur, propriétaire, perd son
« droit de propriété tel qu'il l'avait ; l'acheteur,
« de son côté, perd le droit qu'il avait par
« rapport à la chose, c'est-à-dire le droit de se
« la faire livrer. »

Mais la maxime *res perit domino,* ainsi enten-
due, ne serait-elle pas une vérité digne tout au
plus de M. de la Palice ? ne reviendrait-elle
pas, en effet, à dire que la chose qui a péri
n'existe plus ?

N'y aurait-il pas, d'ailleurs, défaut complet d'exactitude ; car ce ne serait plus seulement *domino*, pour le propriétaire, mais aussi *creditori*, pour le créancier, que la chose périrait ? Or, qu'y a-t-il de plus opposé, en jurisprudence, qu'un droit de créance, et un droit de propriété ?

Évidemment, quand on demande *pour qui la chose périt*, on entend par là mettre en question sur qui retombera le dommage résultant de la perte; qui sera tenu de le supporter. Par conséquent, il est impossible de concilier la maxime *res perit domino*, de la manière dont les auteurs l'ont tenté, avec cette décision que l'acheteur est obligé de payer au vendeur le prix de la chose qui a péri avant la tradition, et dont il ne sera jamais mis en possession.

D'où vient leur erreur ?

De ce qu'ils n'ont pas vu que la maxime *res perit domino* n'est pas applicable en matière de contrats et d'obligations; que la seule applicable alors, c'est la maxime contraire, *debitor rei certæ ejus interitu liberatur*, le débiteur d'un corps certain est libéré par la perte, lorsqu'elle arrive sans son fait. En effet, à l'impossible nul n'est tenu. Or, quand l'objet de l'obligation est un corps certain et déterminé, et qu'il vient à périr, le débiteur ne peut plus le livrer. Et comme, d'un autre côté, on ne peut pas le rendre responsable de la perte arrivée par un cas fortuit, il est pleinement libéré.

Mais le créancier, lui, est débiteur, non pas d'un corps certain et déterminé, mais d'une quantité, du *prix*. Or, comme les quantités et les genres sont impérissables, *genera vel quantitates non pereunt*, il ne peut pas se prévaloir de la perte de la chose pour se dispenser de remplir son obligation. Il reste donc débiteur du prix.

Partout où il y aura en présence un débiteur de corps certain et un créancier, il est inutile, pour déterminer sur qui doit retomber la perte, d'examiner si le créancier est ou non propriétaire. La chose périra pour lui, dans tous les cas; car alors il s'agira des rapports de *débiteur* à *créancier*, et, comme les mots eux-mêmes l'indiquent, ce sera le cas d'appliquer la maxime *debitor rei certæ*, etc.

Mais quand il y aura en présence, non plus un créancier et un débiteur, mais, au contraire, un *propriétaire* et un *détenteur*, la maxime *res perit domino* trouvera naturellement sa place. Elle s'appliquera, non seulement quand on agira comme propriétaire, c'est-à-dire dans le cas de la revendication proprement dite, mais encore toutes les fois qu'on agira comme ayant un droit sur la chose elle-même, ce qu'on appelle vulgairement un *jus in re* ; par exemple, quand on agira comme usufruitier, usager, comme ayant un droit de servitude, une hypothèque, etc.

La maxime *res perit domino* s'appliquera donc dans tous les cas où la maxime contraire ne sera pas admissible, c'est-à-dire dans tous les cas où l'on agira, non pas comme créancier, par action personnelle, mais en vertu d'un droit sur la chose, par action réelle. Conséquemment, cette maxime ne s'appliquera jamais (je raisonne ici dans les principes du droit romain) en matière de contrats et de quasicontrats ; car les contrats et les quasicontrats ne peuvent produire que des créances et des obligations, que les relations de créancier et de débiteur. Qu'on ne s'étonne donc plus que, dans le prêt à usage, comme dans la vente et dans tous les autres contrats, la chose périsse *pour le créancier*, qu'il soit ou non *propriétaire*.

Ces principes sont-ils applicables encore aujourd'hui ?

Oui ; mais avec les modifications nécessitées par les changemens survenus dans la législation.

En droit romain, en matière de succession et de testamens, la propriété se transférait sans tradition ; tellement qu'elle pouvait être acquise au légataire à son insu. Il en est de même chez nous. Mais, en matière de contrats, on tenait au contraire pour règle, en droit romain, que *dominia rerum non nudis pactis, sed traditionibus et usucapionibus adquiruntur*. Il fallait donc la tradition ou l'usucapion pour devenir propriétaire.

Chez nous, le principe contraire a prévalu. La propriété, du moins lorsqu'il s'agit d'un corps certain et déterminé, se transfère par le seul effet de l'obligation , sans qu'il soit besoin du fait matériel de la tradition. La vente, par elle-même, suffit pour rendre l'acheteur propriétaire ; il le devient donc immédiatement.

Voilà un changement immense qui a rendu inapplicable beaucoup de dispositions du droit romain, appuyées sur le principe contraire.

Dès lors , puisque la chose due, lorsque c'est un corps certain et déterminé, devient immédiatement la propriété du créancier, ne devrait-on pas en conclure que nous n'avons désormais que faire de la maxime *debitor rei certæ ejus interitu liberatur,* et qu'il faut s'en tenir à la maxime *res perit domino ?* Non ; ce serait une grave erreur.

Ce n'est pas en vain que la maxime *debitor rei certæ* a été consacrée par notre article 1302. Elle reste encore aujourd'hui, comme autrefois, applicable à tous les cas où un débat s'engage, à l'occasion de la perte d'une chose, entre le créancier et le débiteur. Et alors il n'est pas besoin, pour faire retomber la perte sur le créancier, d'examiner s'il était, ou non, propriétaire ; car, quand même il ne serait pas propriétaire, c'est encore pour lui que la chose périrait : *debitor rei certæ ejus interitu liberatur.* Ainsi, par exemple, bien que, dans le cas d'une dette alternative, au choix soit du créancier, soit du débiteur, le créancier ne devienne propriétaire de l'une des choses comprises dans l'obligation, que par l'option de celui à qui appartient le choix, si toutes les choses comprises sous l'alternative viennent à périr avant l'option, la perte n'en est pas moins pour le créancier.

Il en est de même lorsque la chose due est comprise dans un genre limité, et que toutes les choses qui y étaient comprises ont péri. Ainsi, par exemple, si je vous avais vendu vingt tonneaux de vin à prendre dans mon cellier, et que tous les tonneaux qui s'y trouvaient eussent péri, la perte serait pour vous.

Enfin les auteurs (et ils sont nombreux) qui soutiennent qu'aujourd'hui encore, à l'égard des meubles, la tradition est nécessaire pour transférer la propriété, sont forcés de reconnaître que, dans le cas de vente d'un meuble, les risques ne sont pas moins à la charge de l'acheteur avant la tradition, c'est-à-dire avant que l'acheteur soit devenu propriétaire. Pourquoi ? Parce que *debitor rei certæ ejus interitu liberatur*.

Ainsi, comme on voit, quoique chez nous la propriété soit transférée sans tradition, nous avons encore les deux maximes, *debitor rei certæ*, qui est la règle générale en matière d'obligations, et *res perit domino*, qui, aujourd'hui comme autrefois, ne s'applique qu'en matière d'actions réelles, c'est-à-dire seulement quand le débat s'engage entre le détenteur d'une chose, et l'individu qui prétend avoir sur elle un droit de propriété ou tout autre droit analogue.

Ce n'est qu'en se pénétrant bien de cette distinction, qu'on peut éviter les inconséquences et la confusion d'idées où sont tombés les auteurs, et parvenir à rectifier plusieurs articles de nos codes, dont la rédaction n'est rien moins que claire et satisfaisante.

C'est pour n'avoir pas fait assez d'attention aux changemens survenus dans la législation, et aux conséquences qu'ils entraînaient, que des auteurs, appliquant mal à propos et à contre-sens le droit romain au droit français, se sont mépris sur un point très-important en matière de paiement fait par erreur et indûment; sur le point de savoir si, en pareil cas, la *propriété* est transférée à celui qui a reçu la chose.

En droit romain, il est constant que la propriété était transférée. Celui qui avait payé indûment et par erreur n'avait qu'une action personnelle en répétition, *condictio indebiti*, contre celui qui avait reçu la chose et contre son héritier ; et cela devait être, car celui qui avait fait le paiement avait dû vouloir et avait voulu, en livrant la chose, en transférer la propriété ; et celui auquel il l'avait livrée avait dû vouloir et avait voulu l'acquérir. Il n'en fallait pas davantage pour que la propriété fût transférée. L'erreur qui avait présidé à la tradition ne pouvait donner lieu qu'à une action en répétition.

En est-il de même chez nous?

La question a peu d'intérêt quant aux meubles, à cause de la maxime *en fait de meubles*, *possession vaut titre*, qui est admise dans notre droit, et parce que, d'ailleurs, ils ne sont pas susceptibles d'hypothèque. Mais la question est d'une grande importance à l'égard des immeubles.

Que faut-il donc décider?

Pour être conséquent, il faut, nécessairement, et c'est ce que l'on n'a pas remarqué, faire une distinction : si c'est un immeuble *in genere*, que croyait devoir celui qui a payé indûment les principes du droit romain, quant à la transmission de propriété, sont applicables; car dans notre droit, comme dans le droit romain, lorsqu'il s'agit de quantités ou de genres, c'est seulement par la tradition que la propriété peut être transférée, et non autrement. Celui qui a fait la tradition ayant eu l'intention de transférer la propriété, et celui à qui la chose a été livrée l'ayant reçue avec l'intention d'en devenir propriétaire, il a dû forcément s'en suivre une translation de propriété. Cela est vrai chez nous, comme du temps des Romains.

Mais lorsqu'il s'agit d'un corps certain et déterminé, il en doit être, et il en est tout autrement; car, chez nous, c'est par le contrat lui-même, et non par la tradition, que la propriété de la chose est transférée. La tradition, lorsqu'il s'agit d'un corps certain et déterminé, ne trans-fère que la possession; elle n'est que l'accomplis-sement de l'obligation de livrer. Par conséquent, celui qui a fait la tradition pour se libérer d'une obligation dont à tort il se croyait tenu, n'a pu avoir, en cela, l'intention de transférer la pro-priété qu'il devait penser ne plus lui apparte-nir; et celui à qui la chose a été livrée n'a pu avoir non plus, en la recevant, l'intention d'en acquérir la propriété qu'il devait supposer lui être déjà acquise.

Comme il n'y a eu de la part des parties, ni l'intention d'aliéner, ni l'intention d'acquérir, il est impossible, quoi qu'en disent les auteurs, qu'il se soit opéré une translation de propriété. La possession seule a donc été transférée.

DEUXIÈME EXEMPLE.

Le droit romain admettait le père à répéter la dot qu'il avait constituée à sa fille, morte sans enfans.

« Jure succursum est patri, ut, filiâ amissâ, « solatii loco cederet, si redderetur ei dos ab eo « profecta ; ne et filiæ amissæ, et pecuniæ dam- « num sentiret. » (Loi 6, *de jure dotium*. ff.)

Cette disposition avait été étendue dans notre ancienne jurisprudence à toute donation faite par un ascendant à son descendant ; mais elle avait pris un caractère différent dans les pays de droit écrit, et dans ceux de droit coutumier. En effet, dans les pays de droit écrit, c'était un droit de retour, subordonné à la condition du prédécès du donataire sans enfans, et l'accomplissement de cette condition entraînait la résolution des aliénations et hypothèques consenties par le donataire. Dans les pays de droit coutumier, au contraire, c'était un droit particulier de succession aux objets donnés ; de sorte que le donateur était obligé de respecter les aliénations et les hypothèques consenties par le donataire.

C'est avec ce dernier caractère que le droit de reprise des ascendans donateurs a passé dans notre législation, qui tient plus du système du droit coutumier que de celui du droit romain, comme on peut le voir dans l'art. 747 du Code civil.

Aux termes de cet article, « il suffit que les « choses données par les ascendans se trou- « vent en nature dans la succession de leurs en- « fans ou descendans décédés sans postérité, « pour qu'ils aient le droit d'y succéder. »

De là est née, entre autres, une question trop controversée, et sur la solution de laquelle on s'est, selon moi du moins, trop souvent trompé, pour que je n'en dise pas quelques mots : c'est celle de savoir si l'ascendant donateur a droit aux biens par lui donnés, lorsqu'ils ont été aliénés par le donataire, et qu'ils sont ensuite rentrés, à un autre titre, dans les mains du dotaire.

M. Duranton est de l'avis de l'affirmative. « Il « n'est nullement démontré, dit-il, que la loi ait « subordonné le droit de l'ascendant à la condi- « tion que les biens se retrouveraient *au même* « *titre* dans la succession, puisqu'elle n'en parle « pas; que sa disposition à cet égard est conçue « d'une manière pure et simple; qu'elle donne « même le droit de réclamer le prix, s'il est en- « core dû, c'est-à-dire s'il n'a point été confondu « dans le patrimoine du donataire, s'il peut en- « core être discerné de ses autres biens..... « Ajoutons, avec M. Delvincourt, que le droit « de l'ascendant donateur est très-favorable aux « yeux de la loi, puisque, quant à ce droit, elle

« préfère l'ascendant à tout autre que les des-
« cendans du donataire ; tandis que, relative-
« ment aux autres biens, elle lui préfère, soit
« des ascendans plus proches, soit les frères et
« sœurs du défunt, et leurs descendans. Or,
« dans le doute, et en admettant qu'il y ait
« doute, le parti le plus digne de faveur doit
« l'emporter. »

Cette opinion ne saurait être admise. D'a-
bord elle a contre elle une présomption très-
grave, savoir l'ancienne jurisprudence coutu-
mière, d'après laquelle l'ascendant ne reprenait
pas, dans ce cas, les biens qu'il avait donnés. Or,
comme nous l'avons vu, c'est dans l'esprit de
cette ancienne jurisprudence que l'art. 747 a
été rédigé.

Ensuite, pour que l'ascendant puisse repren-
dre une chose comme ayant été par lui donnée,
ne faut-il pas qu'elle se trouve dans la succession
à ce titre, et non à un autre ? Évidemment.
Aussi ne reprend-il pas, dans la succession de
son petit-fils décédé sans postérité, les biens
qu'il avait donnés à son fils.

Eh quoi! si des biens donnés par un ascendant à son descendant avaient été vendus par le donataire à un autre de ses ascendans, celui-ci, s'il les lui avait donnés à son tour, ne serait-il pas préféré au premier?

Eh quoi! si le donataire avait lui-même donné les biens qu'il avait reçus de son ascendant, et qu'ensuite il les eût rachetés, l'ascendant donateur pourrait-il en exercer la reprise au détriment de l'hérédité, qui en aurait en quelque sorte fourni la valeur? Cela n'est pas possible.

Disons-le donc, le droit de l'ascendant donateur, une fois éteint par une aliénation consommée, ne peut pas revivre par un événement postérieur qui fait rentrer, à un autre titre, les biens dans les mains du donataire.

TROISIÈME EXEMPLE.

En droit romain, le mandataire était personnellement partie au contrat qu'il faisait en exécution du mandat, et le mandant, au contraire, y restait complètement étranger ; de sorte que tous les effets du contrat étaient concentrés entre le mandataire et celui ou ceux avec lesquels il contractait. Mais le mandataire était obligé de rendre compte au mandant de l'exécution du mandat ; le mandant avait l'action *mandati directa*, pour l'y contraindre ; et le mandataire, l'action *mandati contraria*, pour se faire indemniser par le mandant de ses avances et de ses frais.

Ainsi, par exemple, si je vous avais donné mandat de m'acheter une maison, et que vous l'eussiez achetée, vous seriez tenu envers le vendeur de toutes les obligations imposées à l'acheteur, et, réciproquement, il serait tenu envers vous de toutes celles imposées au vendeur. Vous seriez conséquemment tenu de lui payer le prix, et il serait tenu de vous mettre en possession ; mais ensuite je pourrais agir contre vous, par l'action directe du mandat, pour vous obliger à me rétrocéder la maison ; et, de votre côté, si l'exécution du mandat vous avait causé quelque préjudice, vous auriez, pour exercer votre recours contre moi, l'action *mandati contraria.*

Si j'avais acheté directement moi-même une maison , il aurait fallu , à la rigueur , pour en devenir propriétaire , que j'en fusse mis personnellement en possession ; de même , dans l'espèce précédente, pour que le mandataire devînt propriétaire de celle que je l'avais chargé d'acheter, il fallait qu'elle lui fût livrée ; et, pour que j'en devinsse à mon tour propriétaire, il fallait aussi que la tradition m'en fût faite.

« Res ex mandato meo empta , non priùs mea « fiet, quàm si mihi tradiderit qui emit. » (**L.** 59 , *de adquirendo rerum dominio* , ff.)

Il était de principe en effet, chez les Romains, au moins en matière de contrats, que la propriété ne pouvait s'acquérir que *traditionibus* et *usucapionibus.*

Tel était l'ancien système du droit romain.

Mais des dérogations y furent successivement

apportées ; Alexandre Sévère permit d'acquérir la possession par un tiers, et il suffit depuis, pour que l'acheteur devînt propriétaire, que la chose fût livrée à son mandataire qui en prenait possession au nom du mandant.

Cette dérogation n'était pas la seule qui avait été admise. Insensiblement on en vint jusqu'à accorder au mandant une *action utile* contre celui avec lequel le mandataire avait contracté (*action utile*, c'est-à-dire contraire à la rigueur des principes, mais fondée sur des considérations d'équité et d'utilité); et enfin, de dérogations en dérogations, on avait fini par admettre, dans notre ancienne jurisprudence, le principe absolument inverse de celui du droit romain, savoir : que le mandant agit par le mandataire qui n'est qu'un instrument, en quelque sorte, dont le mandant se sert pour la formation du contrat; de sorte que tous les effets qui en résultent ne concernent que le mandant. Tel est aussi aujourd'hui le principe de notre droit civil.

Mais, en droit commercial, l'ancien principe

du droit romain subsiste encore, et il s'y trouve combiné avec le nouveau principe du droit français; car le *commissionnaire*, dans ses rapports avec ceux qui contractent avec lui, est le mandataire des Romains : il agit en son propre nom, il est partie au contrat. Mais, dans ses rapports avec son commettant, il n'est plus que le mandataire du droit français; son autre caractère disparaît.

De là cette conséquence que le commettant, pour le compte duquel le commissionnaire aurait vendu des marchandises dont le prix serait encore dû par l'acheteur, ne serait pas obligé de souffrir le concours des autres créanciers du commissionnaire, et pourrait revendiquer ce prix comme lui revenant en propre et exclusivement (581, Cod. com.) : en effet le commissionnaire, vis-à-vis du commettant, n'est qu'un mandataire, et par conséquent, ce sont les règles du mandat qu'il faut appliquer entr'eux. Or, d'après ces règles, le mandant prend la place du mandataire; c'est donc lui qui est créancier, et non pas le mandataire.

Mais si, dans ses rapports avec le commettant, le commissionnaire n'est que le mandataire du droit français, il en est tout autrement vis-à-vis des tiers; à leur égard, il est le mandataire du droit romain, car il agit seul et en son propre nom. De là aussi cette question, qui était agitée et diversement résolue en droit romain à l'égard du *mandataire*, et qui l'est encore aujourd'hui à l'égard du *commissionnaire* : lorsque le commissionnaire a acheté au dessus du taux fixé par le commettant, peut-il, en abandonnant l'excédent, forcer son commettant à prendre pour lui-même le marché au prix qu'il avait fixé ?

Voici, à cet égard, ce que nous trouvons au § 8, *de mandato*, Instit.

« Is qui exsequitur mandatum non debet ex-
« cedere fines mandati , ut ecce, si quis usquè
« ad centum aureos mandaverit tibi ut fundum
« emeres, vel ut pro Titio sponderes, neque
« pluris emere debes, neque in ampliorem pe-
« cuniam fidejubere : alioqui non habebis cum
« eo mandati actionem; adeò quidem ut Sabino

19*

« et Cassio placuerit, etiam si usquè ad centum
« aureos cum eo agere volueris, inutiliter te ac-
« turum. Sed diversæ scholæ auctores rectè
« usquè ad centum aureos te acturum existi-
« mant : quæ sententia sanè benignior est. Quòd
« si minoris emeris, habebis scilicet cum eo man-
« dati actionem, quoniam qui mandat ut sibi cen-
« tum aureorum fundus emeretur, is utique
« mandàsse intelligitur ut minoris, si possit,
« emeretur. » (Institut., *de mandato*, § 8.)

Le mandataire doit donc se renfermer dans
les limites tracées par le mandat ; ce qu'il a fait
au delà, il est censé l'avoir fait pour son propre
compte. Il n'a point d'action contre le mandant,
qui n'est point son mandant à cet égard. Conséquemment, si quelqu'un vous a donné mandat
de lui acheter une maison pour 20,000 fr., ou de
cautionner un tiers pour cette somme, vous ne
devez acheter la maison ou cautionner le tiers
que pour la somme fixée par le mandant ; autrement, ce que vous aurez fait restera à votre
charge, et vous n'aurez pas l'action *mandati contraria :* vous serez sans recours.

Toutefois, si vous avez acheté quinze ce qu'on vous avait donné mandat d'acheter vingt, il est clair que vous êtes dans les termes du mandat; car il est toujours dans l'intention du mandant d'acheter au meilleur marché possible.

Mais si vous avez acheté trente ce que l'on vous avait donné mandat de n'acheter que vingt, ou que vous ayez cautionné pour trente celui que l'on ne vous avait donné mandat de cautionner que pour vingt, c'est votre volonté que vous avez suivie plutôt que celle du mandant; par conséquent, vous n'aurez pas d'action contre lui; pas même, suivant les Sabiniens, en restreignant votre demande à la somme qu'il vous avait fixée.

Les Proculéiens, au contraire, décidaient que le mandataire avait, dans ce cas, une action contre le mandant, au moins jusqu'à concurrence de la somme fixée par ce dernier, et cet avis, dit-on ici, est le plus équitable : *Quæ sententia sanè benignior est.*

Mais n'est-il pas vraiment singulier, et je

m'étonne qu'aucun des auteurs qui ont écrit sur ce paragraphe n'en ait fait l'observation, que l'on mette sur la même ligne le cas où le mandataire a acheté à un prix plus élevé que ne le voulait le mandant, et le cas, bien différent, où il a cautionné pour une somme plus forte que le mandat ne le portait?

Quant à moi, il me semble évident que, dans le cas de cautionnement, le mandataire en cautionnant la personne indiquée, n'a fait, jusqu'à concurrence de la somme fixée par le mandant, qu'exécuter, et même littéralement, son mandat. C'est pour l'excédent, et pour cet excédent seulement, qu'il s'est rendu lui-même et spontanément caution. Il y a donc là deux cautionnemens distincts ; l'un fait en exécution du mandat et pour le compte du mandant, savoir : jusqu'à concurrence de la somme fixée par le mandant; l'autre fait sans mandat, et par suite pour le compte de celui qui l'a fait, savoir : pour tout ce qui excède la somme fixée par le mandant. Par conséquent, il me paraît impossible, même dans la rigueur des principes, de refuser au mandataire l'action de mandat, jusqu'à concurrence au moins de la somme pour laquelle il avait reçu la mission de cautionner.

Et cependant, s'il faut en croire les Institutes, Sabinus et Cassius la lui refusaient, même dans cette limite, et l'opinion contraire n'aurait prévalu que par des considérations d'équité et de *bénignité*.

Mais, si je ne me trompe, ce sont les rédacteurs des Institutes qui ont attribué à ces auteurs une opinion qui ne fut jamais la leur ; car, s'ils refusaient absolument l'action de mandat au mandataire qui avait excédé la limite tracée par le mandant, c'était seulement, comme on peut s'en convaincre en se reportant à la loi 3, §2, *mandati*, ff., dans le cas de l'achat, et point du tout dans celui du cautionnement, qui en diffère essentiellement.

Aussi Julien, dans la loi 33, que nous allons citer tout à l'heure, raisonnant dans l'hypothèse d'un cautionnement, n'hésite pas à décider que le mandataire aura, même d'après la rigueur des principes, *l'action de mandat*, jusqu'à concurrence de la somme pour laquelle on l'avait chargé de cautionner.

« Rogatus ut fidejuberet, si in minorem sum-
« mam se obligavit, rectè tenetur : si in majo-
« rem, Julianus veriùs putat, quod à plerisque
« responsum est, eum qui majorem summam
« quam rogatus erat fidejussisset, hactenùs
« mandati actionem habere, quatenùs rogatus
« esset : quia id fecisset quod mandatum ei est :
« nam usquè ad eam summam in quam rogatus
« erat, fidem ejus spectâsse videtur qui roga-
« vit. » (L. 33, *mandati vel contrà*, ff.)

Il ne paraît pas qu'il y ait jamais eu de controverse sur ce point entre les jurisconsultes romains. C'est donc bien à tort que les rédacteurs des Institutes, en mettant sur la même ligne le cas d'achat et celui de cautionnement, ont supposé le contraire. Aussi Gaïus, qui était d'un avis opposé à celui des Sabiniens, ne parle-t-il que de l'achat; c'est pour ce cas qu'il accorde au mandataire jusqu'à concurrence du prix fixé par le mandant, et seulement par un motif de bénignité, *quæ sententia benignior est* (L. 4, *mandati*, ff.), dit-il, l'action *mandati contraria* que Sabinus et Cassius refusaient absolument au mandataire qui avait excédé son mandat.

Dans le cas d'achat, en effet, on conçoit que les deux écoles fussent divisées, comme le sont encore aujourd'hui les auteurs (car il est à remarquer que, depuis lors, la discussion n'a pas fait un pas), et que les uns accordassent au mandataire action contre le mandant jusqu'à concurrence du prix fixé par le mandat, moyennant l'abandon de la chose pour ce prix, et que les autres, plus rigoureux, lui refusassent toute action, même dans cette limite et à cette condition.

Que faut-il donc décider ?

Le mandant a voulu avoir la chose au prix par lui fixé : le mandataire, en l'achetant à un prix plus élevé, n'a fait *aucunement* l'affaire du mandant, il a fait la sienne propre. Il n'y a pas ici, comme dans le cas de fidéjussion, possibilité de diviser, de scinder l'opération.

Dans ce cas donc, les principes s'opposent à ce que le mandataire ait l'action de mandat, et c'est avec raison que Cassius et Sabinus, et les autres jurisconsultes de leur école, la lui déniaient.

« Quòd si pretium statui, tuque pluris emisti,
« quidam negaverunt te mandati habere actio-
« nem, etiamsi paratus esses id quod excedit
« remittere ; namque iniquum est non esse
« mihi cum illo actionem, si nolit; illi verò, si
« velit, mecum esse. » (L. 3, § 2, *mandati*, ff.)

Et Gaïus lui-même ne la lui accordait en quelque sorte qu'à regret et par faveur. Voici ses termes :

« Sed Proculus rectè eum usquè ad pretium
« statutum acturum existimat. Quæ sententia
« sanè benignior est. » (L. 4., ibid.)

Aujourd'hui donc nous avons à choisir entre l'opinion de Cassius et de Sabinus, d'un côté, et celle de Proculus et de Gaïus, de l'autre. Quant à moi, mon choix ne saurait être douteux : en effet, l'opinion de Gaïus, et il l'avoue lui-même, est contraire aux principes, car le mandataire ayant dépassé les limites de son mandat a agi pour lui-même, et non pour le mandant; et elle n'est pas moins contraire à l'équité, car, pour me servir, avec leur énergique précision, des termes mêmes de la loi 3, *iniquum est non esse mihi cum illo actionem, si nolit; illi verò, si velit, mecum esse.*

Effectivement, puisque le mandant (chez nous le commettant) ne pourrait, en couvrant l'excédent, forcer le mandataire (chez nous le commissionnaire) à se désister, en sa faveur, du marché, ne serait-il pas souverainement inique qu'il fût au pouvoir du mandataire (du commissionnaire), en abandonnant l'excédent, de forcer le mandant (le commettant) à prendre le marché pour son propre compte : de sorte que, s'il y avait un bénéfice considérable à faire, le mandataire (le commissionnaire) en profiterait seul, sans que le mandant (le commettant)

pût y prendre aucune part, même en offrant de
parfaire l'excédent; et si, au contraire, il y
avait une perte considérable à subir, le mandataire (le commissionnaire) pourrait toujours, en
sacrifiant ce dont il aurait excédé le mandat, la
faire retomber tout entière sur le mandant (sur
le commettant.)

Il n'y aurait pas de réciprocité; le mandant
(le commettant) serait donc à la discrétion du
mandataire (du commissionnaire), et c'est là
ce que l'équité ne saurait permettre.

QUATRIÈME EXEMPLE.

En droit romain, le possesseur d'un fonds
n'était dispensé de restituer les fruits qu'autant
qu'il les avait consommés de bonne foi. Par
conséquent, tant qu'ils existaient, il était tenu
à la restitution, si le véritable propriétaire se
présentait et faisait reconnaître son droit. Mais
une fois qu'il les avait consommés, il n'en

devait plus aucun compte. (§ 35, *de rerum divisione*, Instit.)

Quant au possesseur d'une hérédité, il était tenu de restituer les fruits même consommés de bonne foi, s'il était établi qu'il lui en restât quelque profit, et jusqu'à concurrence de ce profit.

Il ne paraît pas cependant, ainsi que nous l'avons déjà dit, qu'il en ait toujours été ainsi. Mais, depuis un sénatus-consulte rendu sous Antonin, c'était un principe constant; et il me suffira, pour le prouver, de citer le texte de la loi 28, *de heredit. petitione*, ff. :

« Post senatus-consultum enim, omne lucrum
« auferendum esse tàm bonæ fidei possessori,
« quàm prædoni dicendum est. »

Ces principes ont-ils passé dans notre droit ?

On ne voit pas pourquoi ils en auraient été repoussés.

Supposons qu'une succession s'ouvre au

profit d'un homme dont l'existence est incertaine ; elle sera dévolue à ceux avec lesquels il aurait eu le droit de concourir, ou qui l'auraient recueillie à son défaut. Il y a, par exemple, dans cette succession, des prés, des vignes, des guérets : l'héritier supposé en a récolté les produits ; les raisins sont encore dans les cuves, les gerbes sur le champ, le foin sur la prairie. Le véritable héritier se représente : ne pourra-t-il pas, en indemnisant le possesseur de tous ses frais de semence, de culture, de main-d'œuvre, etc., se faire restituer cette récolte, dont la valeur peut être considérable ?

Que pourrait lui objecter le possesseur ?

Qu'il a perçu les fruits de bonne foi ! Mais depuis quand la bonne foi est-elle une cause légitime de s'enrichir aux dépens d'autrui ?

Tout ce que peut équitablement demander le possesseur, c'est de ne pas perdre, c'est d'être indemnisé de ses frais, de son temps, de son travail ; mais à quel titre s'approprierait-il les produits d'un fonds qui ne lui appartient pas ? Aussi le droit romain s'y opposait-il.

Mais les articles 138 et 549 du Code civil, rapprochés et combinés, n'admettent à cet égard aucune différence entre le possesseur d'un fonds déterminé, et le possesseur d'une hérédité; et ils attribuent à l'un comme à l'autre la totalité des fruits qu'ils ont perçus de bonne foi, sans qu'il soit besoin d'examiner s'ils les ont, ou no n consommés.

Pourquoi donc s'est-on écarté ici du droit romain, lorsqu'on l'a suivi si mal à propos en d'autres points?

Les auteurs disent que c'est par la crainte que la difficulté de distinguer les fruits encore existans des fruits consommés ne devînt une source d'embarras et de procès. Faudrait-il donc, par crainte des procès, méconnaître et sacrifier des droits évidens? Mais les Romains n'étaient pas plus amis des procès que nos législateurs ; **ils l'étaient moins , peut - être ;** cependant ils admettaient cette distinction, et l'on ne voit pas qu'il en soit résulté aucun inconvénient.

Dans l'espèce que j'ai supposée, comme dans une foule d'autres qui peuvent se présenter, l'existence et l'identité des fruits sont manifestement établies ; et, dès lors, comment a-t-on pu dénier au propriétaire du fonds qui les a produits le droit d'en demander la restitution ?

Si l'on s'en tenait à la seule raison alléguée par les auteurs, il faudrait renoncer à se rendre compte de la différence qui existe à cet égard entre le droit romain et le nôtre. Mais il y en a, je crois, une raison particulière qui leur a échappé : c'est l'ancienne maxime du droit français, maxime inconnue au droit romain, reproduite et consacrée par le Code civil, qu'*en fait de meubles, possession vaut titre*.

L'article 138 ne m'en paraît être que la conséquence.

CINQUIÈME EXEMPLE.

Peut-on promettre ou stipuler pour autrui ?

1° Peut-on promettre pour autrui ?

Il est évident qu'on ne le peut pas, car il ne peut dépendre de nous d'engager un tiers sans son consentement; aussi le droit romain disait-il :

« Si quis alium daturum facturumve quid « promiserit, non obligabitur, veluti si spon- « deat Titium quinque aureos daturum. » (Instit., § 3, *de inutilib. stip.*)

Ainsi, par exemple, si je vous promettais que Titius vous donnera *dix*, ou qu'il vous bâtira une maison, Titius ne serait point obligé, car il n'a pas consenti à l'être ; et je ne le serais pas non plus, moi, car je n'ai rien promis de donner ou de faire de mon chef.

Mais si je m'étais porté fort pour Titius, si j'avais promis, par exemple, de vous *faire* donner les *dix*, ou de vous *faire* bâtir la maison par lui, la promesse serait valable, parce qu'alors c'est moins le fait d'autrui que j'aurais promis, que le mien propre; je n'aurais promis qu'en apparence pour autrui ; en réalité, c'eût été pour moi.

« Quod si effecturum se ut Titius daret, spo-
« ponderit, obligatur. » (Ibid.)

Pareillement, si j'avais promis de payer une certaine somme dans le cas où Titius ne remplirait pas la promesse que j'aurais faite pour lui, je serais engagé ; c'est ce qu'on appelle *une clause pénale*. Elle est ainsi nommée, parce qu'elle sert de sanction à la promesse faite pour autrui, en établissant une peine pour le cas d'inexécution.

« Qui alium facturum promisit, videtur in eâ
« esse causâ ut non teneatur, nisi pœnam ipse
« promiserit. » (Ibid., § 21.)

Ainsi, en droit romain, on pouvait bien s'engager soi-même à l'occasion de la promesse du fait d'un tiers; mais on ne pouvait pas obliger ce tiers lui-même. On ne le pouvait en aucune manière, même avec son consentement; car, chez les Romains, il était de règle, comme nous l'avons déjà vu, que le mandant ne fût pas engagé par le mandataire vis-à-vis de ceux avec lesquels le mandataire contractait.

Ces principes ont-ils passé dans notre droit ?

Il est clair qu'on peut chez nous, comme en droit romain, s'obliger à l'occasion de la promesse du fait d'un tiers, en se portant fort pour lui, ou en se soumettant à une clause pénale. Mais, de plus, chez nous, à la différence du droit romain, on peut obliger envers un autre le tiers pour lequel on promet, et cela avec ou même quelquefois sans son consentement ; car, chez nous, même dans le cas de simple gestion d'affaire sans mandat, le maître dont l'affaire a été bien gérée est tenu de *remplir les engagemens contractés en son nom* (1375, C. civ.). Si donc, comme gérant, on s'est obligé personnellement, on aura un recours contre le maître, et on se fera indemniser par lui des obligations personnelles qu'on aura contractées dans son intérêt. Si, au contraire, sans s'obliger personnellement, on a promis au nom du maître, les tiers l'auront lui-même pour obligé,

pourvu toutefois que l'affaire ait été utilement
gérée ; et ils l'auront seul pour obligé.

2° Peut-on stipuler pour autrui ?

En droit romain, on ne le pouvait pas. « Al-
« teri stipulari nemo potest. » On tenait que
les contrats n'avaient d'autre but que de donner à chacun la facilité de faire soi-même ses
affaires, de pourvoir à ses propres intérêts, et
non à ceux d'autrui.

« Inventæ enim sunt hujusmodi stipulationes,
« vel obligationes, ad hoc ut unusquisque ac-
« quirat sibi quod suâ interest. » (Inst., *de inutil.
stip.*, § 19.)

La stipulation faite pour autrui ne donnait
d'action ni au stipulant, ni à celui pour lequel
il avait stipulé. Elle n'en donnait pas au stipulant, parce qu'il était sans intérêt ; pas davantage à celui pour qui on avait stipulé, parce
qu'il n'était pas partie à la stipulation, et qu'on
ne pouvait pas acquérir une action par un tiers,

même en vertu d'un mandat, et, à plus forte
raison, sans mandat.

Toutefois l'esclave pouvait stipuler pour son
maître, le fils de famille pour son père, à
cause de l'unité d'intérêt qui existait chez les
Romains entre tous les membres d'une même
famille.

« Si quis alii, *quàm ei cujus juri subjectus sit,*
« *stipulatur, nihil agit.* » (Ibid., § 4.)

Si l'on ne pouvait stipuler pour autrui, ce
n'était qu'en tant qu'on n'avait pas soi-même
d'intérêt à ce que la stipulation reçût son exécution; aussi lorsqu'on y avait intérêt, la stipulation était valable.

« Sed et si quis stipuletur alii, cùm ejus in-
« teresset, placuit stipulationem valere.» (Ibid.,
§ 20).

Ainsi, j'aurais pu très-valablement stipuler
que vous remettriez une somme déterminée à
mon gérant d'affaires, à mon mandataire, à
mon créancier, car j'y avais intérêt.

« Ergò et si quis procuratori suo dari sti-
« pulatus sit, habebit vires stipulatio; et si cre-
« ditori suo quis stipulatus sit, quod suâ inte-
« rest... stipulatio valebit. » (Ibid.)

Pareillement je pourrais très-valablement stipuler que Titius paierait une certaine somme
entre les mains de Séius, parce que ce serait
moi, stipulant, qui deviendrais créancier de la
somme promise ; Séius ne serait que chargé de
la recevoir.

« Planè solutio etiam in extraneam personam
« conferri potest, veluti si quis ità stipuletur :
« *Mihi aut Sejo dare spondes?* Ut obligatio qui-
« dem stipulatori acquiratur, solvi tamen Sejo,
« etiam invito eo, rectè possit, ut liberatio
« ipso jure contingat. » (Ibid., § 4).

Enfin on pouvait toujours valider la stipulation faite au profit d'autrui, en y ajoutant une
clause pénale, c'est-à-dire en stipulant que,
dans le cas où le promettant n'exécuterait pas sa
promesse, il donnerait une somme de.... au sti-

pulant lui-même, ou ferait quelque chose pour lui.

« Planè si quis velit hoc facere, pœnam sti-
« pulari conveniet, ut nisi ità factum sit ut est
« comprehensum, committatur pœnæ stipulatio,
« etiam ei cujus nihil interest. Pœnam enim cùm
« stipulatur quis, non illud inspicitur quod in-
« tersit ejus, sed quæ sit quantitas in condi-
« tione stipulationis. Ergò si quis ità stipuletur :
« *Titio dari*, nihil agit; sed si adjecerit pœnam :
« *Nisi dederis, tot aureos dare spondes?* tunc
« committitur stipulatio. » (Ibid., § 19.)

En effet, il y a ici deux stipulations dont l'une est la condition de l'autre; si la première n'est pas exécutée, la seconde produira son effet au profit du stipulant, qui a, dès lors, un intérêt suffisant et déterminé.

Ainsi, par exemple, si j'ai dit : « Promettez-
« vous de donner mille francs à Titius, *sinon*
« *de me donner tel fonds?* j'ai un intérêt : la sti-
« pulation est valable. »

Mais si j'ai dit purement et simplement : « Pro- « mettez-vous de donner mille francs à Titius « (Titius m'étant étranger)? » alors je n'ai pas d'intérêt, et la stipulation est nulle. Elle ne peut produire d'effet, ni à mon profit, car je suis sans intérêt; ni au profit de Titius, car il n'a pas stipulé; et l'on ne peut pas acquérir par un tiers le bénéfice d'une obligation.

Ainsi, en définitive, pour les jurisconsultes romains, tout se réduisait à ce principe : On ne peut point faire acquérir le bénéfice d'une créance à une personne dont on n'est ni l'esclave ni le fils de famille; on ne le peut même en agissant comme son mandataire ou son gérant d'affaires; dès lors, si la stipulation n'est pas, sinon *in verbis*, au moins *in effectu*, au profit du stipulant lui-même, elle ne peut valoir. Mais si ce n'est que *verbo tenùs*, et en apparence, qu'elle est au profit d'un tiers, et que, *re ipsâ*, elle soit au profit du stipulant, elle sera valable.

Ces principes doivent-ils encore être suivis aujourd'hui?

Il va de soi que la stipulation, quand elle sera, sinon dans les termes, au moins au fond et dans la réalité, au profit du stipulant lui-même, sera valable. Ce n'est pas là qu'il peut y avoir difficulté.

Mais chez nous où, en principe général, l'on peut très-valablement stipuler pour autrui, soit comme mandataire, soit même, sans mandat, comme simple gérant d'affaires, ne faut-il pas dire, pour être conséquent, que l'on stipule valablement *pour autrui*, toutes les fois que l'on stipule *au nom* d'autrui, encore bien qu'on n'y ait pas soi-même d'intérêt, et qu'on n'ait pas reçu de mandat à cet effet?

Oui ; cette conséquence est forcée : le principe du droit français étant précisément l'inverse de celui du droit romain, doit nécessairement entraîner une conséquence opposée; et, par suite, la même stipulation qui en droit romain n'était pas valable doit valoir en droit français.

C'est pour n'avoir pas mesuré toute la portée du changement qui s'est opéré à cet égard dans la législation, que des auteurs, et M. Duranton, entre autres, enseignent le contraire.

Sans doute, dans le système du droit romain, qui ne permettait pas de faire acquérir à autrui le bénéfice d'une créance, soit comme gérant d'affaires, soit même comme mandataire, la stipulation, quand elle n'intéressait pas le stipulant lui-même, était forcément nulle. Mais une fois qu'il est admis, au contraire, qu'on peut, sans y avoir soi-même aucun intérêt personnel, faire acquérir une créance à autrui, soit comme mandataire, soit comme simple gérant d'affaires, il en résulte forcément qu'on peut valablement stipuler pour autrui ; car stipuler pour autrui c'est gérer, et gérer très-utilement l'affaire d'autrui.

Ainsi, par exemple, si, sans y avoir personnellement moi-même aucun intérêt, je stipule d'un maçon qu'il réparera la maison de Paul, ou, pour parler un langage plus correct, si je *conviens* avec un maçon (car il n'y a pas de stipulation dans notre droit) qu'il réparera la maison de Paul, le maçon sera, sans aucun doute, obligé envers Paul, si toutefois ce dernier veut profiter de la convention. Reportons-nous, en effet, à l'art. 1375 du Code civil : qu'y voyonsnous ? « Que le maître, dont l'affaire a été bien « administrée, doit remplir les engagemens que « le gérant a contractés au nom du maître. » *Au nom du maître ;* or si, aux termes de cet article, je puis obliger Paul envers le maçon, ne puis-je pas, à plus forte raison, obliger le maçon envers lui ? Eh quoi ! je pourrais imposer à quelqu'un la charge d'une obligation, et je ne pourrais pas lui en faire acquérir le profit ? Cela n'est pas possible.

Toutes les fois donc que l'on promet ou que l'on stipule pour une autre personne et au nom de celle-ci, on est son gérant; si l'on a promis pour elle, elle sera obligée, pourvu que l'affaire ait été utilement gérée. (Peu importerait même que la gestion fût utile ou non, s'il y avait eu mandat : le mandant serait obligé dans tous les cas.)

Pareillement, lorsque je stipule pour une au-

tre personne, et en son nom, je suis son gérant.
Si donc elle veut profiter de la stipulation, elle
en a le droit; il n'y a aucun motif de l'en empêcher.

Cependant on oppose à cette doctrine le texte
de l'art. 1119, ainsi conçu :

« On ne peut, en général, s'engager, ni stipu-
« ler en son propre nom que pour soi-même. »

Mais je réponds par ces mots :

En son propre nom….. Donc, ce que défend
cet article c'est uniquement de stipuler en *son
propre nom* pour autrui.

Qu'est-ce à dire ? que la stipulation faite pour
autrui serait nulle si le stipulant l'avait faite
en son propre nom; en d'autres termes, s'il avait
voulu se réserver *à lui-même et à lui seul* l'action pour contraindre de son chef le promettant
à exécuter sa promesse envers le tiers; car
pour avoir l'action il faudrait que le stipulant
y eût un intérêt, et il n'en a aucun, puisque

ce n'est pas lui qui doit profiter; et le tiers,
de son côté, ne saurait l'avoir, car les termes de
la convention s'y opposeraient.

Mais si le stipulant a voulu faire acquérir
l'action au tiers, à coup sûr il l'a fait valablement.

Il ne reste plus maintenant qu'à expliquer
pourquoi l'art. 1119 dit qu'on ne peut, *en général*, s'engager ni stipuler en son propre nom que
pour soi-même. Ce qui suppose qu'on le peut
en certains cas.

En effet on peut, ainsi que nous l'avons vu,
s'engager en son propre nom pour un autre,
quand on se porte fort pour lui; on peut aussi
stipuler en son propre nom pour autrui, lorsque
telle est la condition d'une stipulation que l'on
fait pour soi-même, et, généralement, toutes
les fois qu'on y a intérêt. En effet rien ne s'oppose alors à ce qu'on se réserve à soi-même
une action qui est destinée à obtenir l'accomplissement d'une obligation à laquelle on est soi-

même personnellement intéressé. Ces mots, *en général*, de l'art. 1119 ne signifient pas autre chose, et c'est bien à tort que les auteurs ont voulu les expliquer en disant que l'article avait dû être ainsi rédigé parce qu'on peut stipuler pour autrui comme mandataire, comme gérant d'affaires, comme associé, etc. Car le mandataire, le gérant d'affaires, l'associé, promettent et stipulent, non *en leur propre nom*, mais au nom du mandant, du maître, ou de l'être moral, société.

En résumé, la disposition de l'art. 1119 se réduit à ceci :

On peut stipuler en son nom propre pour autrui lorsque c'est seulement *in verbis* que la stipulation est pour autrui, et que, *re ipsâ*, elle est au profit du stipulant. Alors, en effet, quelles que soient les apparences, le stipulant stipule réellement pour lui-même.

Mais, en sens inverse, on ne peut pas stipuler en son propre nom pour autrui lorsque la stipulation est, *re ipsâ,* au profit d'autrui, et non au profit du stipulant lui-même, qui alors n'a pas d'intérêt à son exécution : dans ce cas, l'action serait là où ne se trouve pas l'intérêt, et elle ne serait pas là où il se trouve. Conséquemment la stipulation serait nulle tout à la fois à l'égard de celui qui aurait intérêt (c'est-à-dire du tiers au profit de qui on aurait stipulé), parce que, d'après les termes de la convention, il n'aurait pas droit à l'action, et à l'égard de celui qui, d'après les termes de la convention devrait avoir l'action (c'est-à-dire du stipulant), parce qu'il serait sans intérêt.

Voilà en substance à quoi se réduit l'art. 1119. Dès lors, quand on stipule en son propre nom, si c'est *in effectu,* sinon *in verbis,* pour soi-même qu'on a stipulé, rien ne s'oppose à la validité de la stipulation.

Pareillement, lorsqu'on stipule pour autrui, rien ne s'oppose non plus à la validité de la stipulation, si c'est au nom d'autrui qu'on a stipulé.

Mais si l'on a stipulé en son propre nom pour autrui, la stipulation est nulle.

Quant à la promesse qu'on aurait faite en son propre nom pour autrui, il est évident qu'elle ne peut engager celui pour qui elle est faite, et que, par conséquent, elle ne peut valoir qu'autant que le promettant lui-même s'engage personnellement à cette occasion.

Mais la promesse faite au nom d'autrui, engage celui au nom duquel elle est faite, s'il en a profité.

TROISIÈME PARTIE.

QUEL SERAIT AUJOURD'HUI CHEZ NOUS LE MEILLEUR

SYSTÈME A SUIVRE POUR L'ENSEIGNEMENT

DU DROIT ROMAIN ?

Ex immensâ diffusâque legum copiâ optima quæque
in paucissimos conferre libros.

SUÉTONE.

Mes idées sur le Droit romain, telles
qu'elles sont résumées dans ma conclusion,
n'auront sans doute pas pour elles la ma-
jorité des membres de la Faculté à laquelle
j'ai l'honneur d'appartenir. Cependant, je
dois le dire, il en est plusieurs, des plus

21*

honorables et des plus *compétens*, notamment M. *Blondeau*, dont on connaît l'indépendance d'esprit et la profondeur de vues, qui y ont donné leur assentiment, et m'ont encouragé à les produire. D'ailleurs, ces idées n'eussent-elles trouvé aucun appui dans la Faculté, les croyant justes et utiles, je ne les aurais pas moins mises au jour.

CONCLUSION.

Essayons, d'après ce qui précède, d'esquisser rapidement la marche que réclame aujourd'hui l'enseignement du droit romain, pour produire toute l'utilité qu'on peut raisonnablement en attendre.

Un professeur, digne de ce nom, doit être sans doute jaloux de connaître, jus-

que dans ses plus minutieux détails, la
science qu'il professe; c'est presque un devoir pour lui. Il ne doit sans doute rien
négliger, rien dédaigner, de ce qui peut lui
fournir quelques lumières, quelques données nouvelles; et je ne prétends certes
pas assigner de limites à ses investigations:
je ne veux certes leur soustraire aucun
texte, pris soit dans le *Corpus*, soit hors
du *Corpus,* aucun document, soit ancienne-
ment, soit nouvellement découvert.

La véritable érudition est trop rare de
nos jours, et j'en connais trop bien le prix
pour ne pas rendre un sincère et légitime
hommage à ses doctes et pénibles travaux.
Mais est-ce à dire pour cela que l'homme qui
professe doive faire de tous les détails, de
tous les textes, de toutes les espèces, qu'il
est obligé, lui, de parcourir et d'étudier, la
base de son enseignement, le texte ou la
matière de ses leçons? Non, assurément non:

ce serait là au contraire la plus étrange et la plus déplorable des erreurs ; car elle n'irait à rien moins qu'à réduire l'enseignement du droit romain à n'être plus qu'une vaine et insignifiante paraphrase des fragmens, tels quels, dont il se compose, c'est-à-dire à ce qu'il y a tout à la fois de plus rebutant et de moins instructif pour des jeunes hommes dont il faut, non pas surcharger inutilement la mémoire de textes morts, la plupart oiseux, sans valeur, sans autorité, de détails arides, presque aussitôt oubliés qu'appris, mais au contraire nourrir l'intelligence si active d'idées, d'idées fortes, substantielles, élevées.

Ajoutons qu'avec une semblable méthode, des *siècles* suffiraient à peine pour expliquer dans un cours tous les textes ; et l'on ne voit pas ce qu'en définitive la science pourrait gagner à cet amas confus de gloses, à ce pêle-mêle d'explications, et aux interminables répétitions qui en seraient la suite.

Je ne dis pas, pour cela, qu'il faut dédaigner les textes et n'en tenir aucun compte. Loin de là; mais je dis qu'il ne faut pas s'y *asservir* et leur attribuer à tous une égale importance; je dis qu'il faut savoir les choisir avec discernement, et ne pas se croire tenu de les expliquer tous minutieusement, les uns après les autres, suivant l'ordre, logique ou non, dans lequel ils se présentent; je dis qu'il ne faut pas s'imaginer qu'un professeur n'a rien de mieux à faire en chaire que de *disséquer* des textes et de disserter sur des *espèces*, souvent encore au hasard, sans tenir aucun compte de leur valeur présente; je dis enfin qu'il ne faut pas perdre un temps précieux, et dont l'instruction de la jeunesse réclamerait à coup sûr un meilleur emploi, dans de vaines et stériles recherches d'érudition scolastique, à la poursuite de formes surannées, de procédures symboliques, d'antiquités obscures et douteuses qui étaient un mystère même pour les *érudits* du temps de Cicéron, en un mot, de ce que l'on pourrait appeler, ce me semble, à juste titre, la *Mythologie du droit.*

Cette tendance dans l'enseignement du droit romain serait, à mon sens, d'autant plus funeste, et d'autant plus propre à en inspirer l'éloignement et le dégoût, que, si l'on excepte un très-petit nombre de sujets qui se destinent à la carrière épineuse du professorat, l'enseignement de ce droit (pourquoi ne le dirais-je pas?) n'offre en soi, et ne saurait offrir à ceux qui le reçoivent aucune utilité directe et immédiate, aucun intérêt d'avenir et de position; car tous, ou presque tous, se destinent à des professions auxquelles la connaissance des textes du droit romain ne se rattache que fort indirectement et de bien loin, si même elle s'y rattache. Ce qu'il leur faut surtout, ce sont des principes généraux, de ces larges vues d'ensemble, qui ont le grand avantage d'embrasser et de résoudre une infinité de questions et de difficultés de détail, de frapper, d'intéresser vivement l'esprit, de l'éclairer enfin et de l'agrandir en étendant son horizon.

Voici donc la marche qui me semble indiquée par la raison :

1° Avant d'expliquer un des recueils dont se compose le droit romain, il faut commencer par présenter l'historique de sa rédaction, en faire connaître les diverses parties, ainsi que leur enchaînement et leur liaison.

2° Il faut, sur chaque matière, pour façonner l'esprit des élèves au langage abstrait du droit, et pour aider leur mémoire, extraire des textes ou formuler soi-même des définitions aussi exactes que possible, et dont la précision égale la clarté. Il faut ensuite y joindre à propos, et avec discernement, des divisions et des résumés bien faits. Sans le secours de bonnes définitions, sans l'emploi judicieux de divisions habilement ménagées, et sans des résumés succincts, mais fidèles, qui sont aussi des espèces de définitions, et même peut-être les meilleures de toutes, la leçon du professeur ne serait le plus souvent, j'en appelle à l'expérience, qu'un vain bruit de paroles jetées au vent, et dont il ne resterait rien, ou presque rien, dans l'esprit de ses auditeurs.

3° Il faut expliquer de préférence, avec plus de soin et d'étendue, les matières qui ont des analogues en droit français, celles surtout qui ont donné lieu, de la part des jurisconsultes romains, au développement de doctrines que nos législateurs ont sanctionnées, et dont on retrouve la substance dans nos Codes. Dans chacune de ces matières, il faut s'attacher particulièrement à dégager des détails, l'ensemble, le système général; après quoi on pourra se borner à justifier les principes qu'on aura posés, par quelques textes bien clairs, en mettant de côté tous les autres, sans scrupule. Combien de titres du Digeste, et des plus longs, ne pourrait-on pas, ne devrait-on pas même réduire à une seule page? Ce n'est pas tout : il faudra suivre le système primitif, depuis son origine jusqu'à son admission dans nos Codes, à travers ses phases diverses, les modifications et améliorations que la succession des temps et des choses y a progressivement apportées ; et enfin, en s'étayant des travaux des jurisconsultes et des législateurs étrangers, signaler, avec la double et imposante autorité de l'expérience et de la raison, ce qui reste encore à faire pour le perfectionner.

C'est ainsi, mais seulement ainsi, qu'on peut encore de nos jours féconder l'étude du droit romain ; en faire jaillir des enseignemens précieux que nos législateurs eux-mêmes pourraient mettre à profit : c'est ainsi, mais seulement ainsi, qu'on peut rappeler cette étude à sa dignité, à sa grandeur, et l'élever au niveau de l'esprit et des besoins de notre époque.

Quand une matière du droit romain n'aura pas d'analogue en droit français, qu'elle ne renfermera que des principes surannés, inapplicables, il faudra, ou la passer sous silence, ou n'en présenter qu'un aperçu succinct, mais lumineux, appuyé de la citation d'un petit nombre de textes bien choisis ; exposer rapidement les idées que les jurisconsultes romains s'en étaient formées, et enfin les soumettre à l'épreuve d'une appréciation philosophique et raisonnée.

Voilà aujourd'hui la voie, la seule voie du progrès. Je la signale aux esprits indépendans, à tous ceux qui veulent que la raison préside aux travaux de la science, et je les y appelle. Aujourd'hui, plus que jamais, il faut savoir s'affranchir de la vaine autorité de noms et de précédens surannés, secouer le joug des routinières admirations, des vieilles superstitions de l'école, et bien se pénétrer de cette pensée : que nous ne sommes, Dieu merci, les sujets ni de l'empereur Justinien, ni d'aucun autre; que nous ne relevons ni de la loi des Douze Tables, ni des édits des préteurs, ni des réponses des prudens; que nous avons, par conséquent, à chercher dans le droit romain, à y chercher avec indépendance, discernement et impartialité, non pas ce qui est *loi* ou *texte*, mais ce qui est raisonnable en soi, et conforme à une saine doctrine.

Oui, je ne cesserai de le répéter, aujourd'hui plus que jamais, il faut éclairer l'étude du droit romain par le flambeau de la critique, de la philosophie et de la législation comparée : il le faut, sous peine de rendre cette étude aussi rebutante que stérile, et de la voir avant peu *complètement abandonnée*. Le temps des casuistes et des glossateurs est passé sans retour !

FIN.

TABLE ANALYTIQUE

DES MATIÈRES.

CHAPITRE PREMIER.

L'Étude du Droit romain, considérée comme
moyen de se former l'esprit dans l'art d'interpréter les lois, n'a d'autre utilité que
celle d'une espèce de *gymnastique intellectuelle :* cette proposition est démontrée par

CHAPITRE CINQUIÈME.

Exemples de ce conflit.

CHAPITRE SIXIÈME.

TROISIÈME PARTIE.

Quel serait aujourd'hui, chez nous, le meilleur

CONCLUSION.

FIN DE LA TABLE ANALYTIQUE.

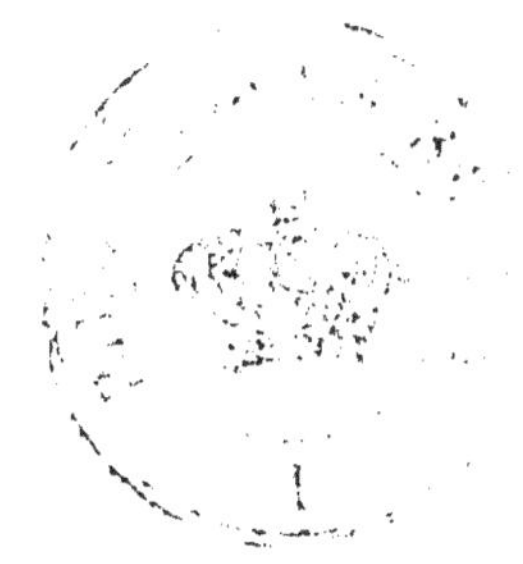

TABLE ALPHABÉTIQUE

DES

TEXTES ANALYSÉS OU EXPLIQUÉS

DANS CET OUVRAGE.

INSTITUTES.

DIGESTE.

CODE.

GAIUS.

FIN DE LA TABLE DES TEXTES.

www.ingramcontent.com/pod-product-compliance
Lightning Source LLC
La Vergne TN
LVHW011957170726
843503LV00001B/133